von Sachsen Ludolf, Johann Gottfried Ludwig Kosegarten

Ludolf von Suchen

Reisebuch ins Heilige Land, in Niederdeutscher Mundart

von Sachsen Ludolf, Johann Gottfried Ludwig Kosegarten

Ludolf von Suchen
Reisebuch ins Heilige Land, in Niederdeutscher Mundart

ISBN/EAN: 9783743353350

Hergestellt in Europa, USA, Kanada, Australien, Japan

Cover: Foto ©ninafisch / pixelio.de

Manufactured and distributed by brebook publishing software (www.brebook.com)

von Sachsen Ludolf, Johann Gottfried Ludwig Kosegarten

Ludolf von Suchen

Rudolf von Suchen

Reisebuch ins heilige Land

in

niederdeutscher Mundart.

Herausgegeben von

J. G. L. Kosegarten.

Greifswald 1861.
C. A. Kochs Verlagsbuchhandlung,
Th. Kunike.

Dat Hilge Lant

beschreven van

Ludolphus.

Der Heiland am Kreuze als kämpfender Ritter.

Syn ridderhuve dat was ein dôſ,
den me ome vor ſyn antlât floch,
do ſe ome ſyne ogen vorbunden,
unde halsflogen one ſo ſe meiſt kunden.
dat ros dat duſſem ridder was bereit,
dat was de eſel dar he in deme palmdage uppe reit;
ſyn torneiges velt dat was de galgesberch,
ſyn geiſſelder licham was ſyn halsborch.
ſyne glevinge was Longinus ſpêr,
dat cruce was ſyn ſchilt unde ſyn boteler.
ſyn helm to ſyner ridderſchop
was ſyne crone van ſcharpem dorne gemakt;
ſyn helmteken was ſyn overſcrift,
de boven ſynem hovede was gedicht.
de ſparen was de iſeren nagel,
de dorch ſyne vote wart geſlagen.
ſyne hantſchen weren iſeren,
dat mogen de andere twene negel ſyn.
ſyn wepener de dar by eme bleff,
dat was Maria, de ſyner nu vorlêch,
de men nu ſach vorſagen,
de em al ſyn wapen halp dragen.
ſyn bannere, de he drôch in ſyner nôt,
de was geverwet wit unde rôt;
ſe was gemalet van twierhande cleit,
dar unſe leve here ſmaheit inne leit;
ſyn wit cleit tôch eme Herodes an,
unde lêt one to Pilato gân;
do gaf em Pilatus einen rot,
darmede gaf he one den Joden in den dôt.
mit duſſen wapen heft he geſtreden,
und heft vor uns den dôt geleden.

     Aus dem Gedichte:
    Spegel der minſliken Salicheit.

Vorwort.

Wir haben aus den Jahrhunderten des Mittelalters eine Anzahl Beschreibungen des heiligen Landes, welche von abendländischen Wallfahrern, die dieses Land besuchten, geschrieben sind. Achtzehn solcher Beschreibungen enthält in hochdeutschen Texten die bekannte Sammlung, welche betitelt ist: „Reyßbuch des heyligen Lands; gedruckt zu Franckfurt am Mayn 1584 durch Johann Feyerabendt, in verlegung Sigmundt Feyerabendts." Zu den älteren derselben gehören die des Bruder Brocardus von ao. 1283. und die des Englischen Ritters Johannes de Montevilla von ao. 1320. und die des Rudolf, Kirchherrn zu Suchen oder Suthen in Westfalen, aus den Jahren 1336—1341. Die hochdeutschen Texte Feyerabendts sind größentheils spätere Übersetzungen aus lateinischen Urtexten. Von diesen Beschreibungen des heiligen Landes handelt Professor Deycks in seiner Schrift: Über ältere Pilgerfahrten nach Jerusalem, mit besonderer Rücksicht auf Ludolfs von Suchen Reisebuch des heiligen Landes; Münster 1848.

Die von diesem Westfällischen Pfarrherrn Ludolf verfaßte Beschreibung des heiligen Landes ist in mehreren alten, theils gedruckten, theils handschriftlichen, lateinischen, hochdeutschen und niederdeutschen Texten vorhanden, welche alle älter sind als der bei Feyerabendt gedruckte hochdeutsche Text. Ich muß daher über jene älteren Texte hier etwas bemerken.

1. Von dem Namen des Ludolf von Suchem.

Der lateinische Text des Werkes Ludolfs, welchen Professor Deycks unter dem Titel: Ludolphi, rectoris ecclesiae parochialis in Suchem, de itinere terrae sanctae liber, Stuttgart 1851 herausgab, scheint der Urtext zu sein. In den beiden für diese Ausgabe benutzten Berliner Handschriften nennt sich der

Verfaßer in der Überschrift: Ludolphus rector ecclesiae parochialis in Suchem, paderbornensis diocesis. In dem von mir unten mitgetheilten niedersächsischen Texte nennt der Verfaßer sich im Eingange: It Ludolphus.

In den alten hochdeutschen Texten zu München, deren dort zwei handschriftliche und zwei gedruckte sind, nennt sich dagegen der Verfaßer im Eingange: Ich Petrus pfarrer zu Suchen. Ein späterer hochdeutscher Text, welcher handschriftlich zu Wolfenbüttel sich befindet, setzt dreimal, nämlich in der Überschrift, im Eingange, und am Schluße des Werkes: Ich Petrus pfarrer zu Suthen. Woraus diese Umwandelung des Ludolphus in Petrus entstand, ist bis jetzt nicht aufgeklärt.

In dem hochdeutschen Texte Feyerabendts heißt der Verfaßer im Eingange: Rudolphus der Pfarrkirchen zu Suchen oberster. Hier ist aus Ludolphus vielleicht aus Versehen eines Abschreibers der Name Rudolphus geworden. Feyerabendts Text sagt in der Überschrift, diese Darstellung des heiligen Landes sey aus dem Lateinischen übersetzt. Die uns bekannten lateinischen Handschriften aber haben: Ludolphus.

Der zur Paderborner Diöcese gehörende Ort Suchen oder Suchem ist bis jetzt nicht näher nachgewiesen worden. Deyck's sagt in seinem lateinischen Iter Ludolphi, Stuttgart 1851. in der Vorrede S. 19. von jener ecclesia parochialis in Suchem paderbornensis dioecesis: „deren Lage und Ort ein Räthsel ist" und im Terte S. 1. In der Anmerkung: „Welche Kirche oder welcher Ort unter dem Namen Suchem zu verstehen sei, ist ungewis." Vielleicht ist statt Suchem zu lesen Suthem b. i. Südheim. Denn in den Handschriften des späteren Mittelalters sind bekanntlich die beiden Buchstaben c und t oft von ganz gleicher Gestalt, und die Ortsnamen Nordheim, Südheim, Ostheim, sind in Deutschland nicht ungewöhnlich. Ich bemerkte auf den Karten einen von Paderborn etwas südwärts gelegenen Ort Sudheim, und richtete in Betreff dieses Ortes eine Anfrage an den Herrn Gymnasialoberlehrer Micus zu Paderborn. Derselbe hatte die Güte, mir folgendes zu antworten: „Zur Zeit findet sich in der Diöcese Paderborn nur ein Gut Sudheim, der abligen Familie von Oynhausen angehörig. Dieses liegt in der Richtung von Paderborn und Marsberg oder Stadtberge, etwa eine Viertelstunde von der Stadt Lichtenau. Früher hieß es Sudhem, und kommt schon im dreizehnten, auch im eilften, Jahrhundert in alten Schriften vor. Es läßt sich nicht genau ermitteln, ob der Ort im vier-

— 5 —

zehnten Jahrhundert ein Kirchdorf gewesen sey. Möglich wäre es, daß nach dieser Zeit eine Verlegung der Pfarre nach Lichtenau stattgefunden, wo noch gegenwärtig eine alte Burg ist; oder daß die Verheerungen der Kriege den Ort Sudhem allmälig verringerten; man findet noch das eine und andere Bauernhaus um das Gut Sudhelm, welches eine solche Vermuthung veranlaßen könnte." Wer Gelegenheit hat, die Paderborner Urkunden des vierzehnten Jahrhunderts genau zu durchforschen, würde in ihnen vielleicht irgendwo unsren Pfarrer Ludolphus erwähnt finden. In dem obenerwähnten späteren hochdeutschen Texte zu Wolfenbüttel ist der Name seiner Kirche, wie schon bemerkt, Suthen geschrieben.

Ludolf widmet in der Überschrift des lateinischen Textes seiner Beschreibung des heiligen Landes dies Buch seinem gnädigen Herrn, dem Paderborner Bischofe Baldewinus de Stenvordia, welcher in den Jahren 1340—1361 dem Bisthume mit gutem Rufe vorstand; Schaten annales Paderbornenses, part. 2. pag. 296 —352. Ludolfs Aufenthalt im Morgenlande dauerte fünf Jahre, und fiel in die Jahre 1336—1341. wie er im Eingange selbst berichtet. Dazu stimmen auch die bei ihm vorkommenden Erwähnungen einiger angesehener Männer, welche er im Morgenlande vorfand; z. B. die des Großmeisters der Johanniterritter, welcher in unserem niedersächsischen Texte Helianus van Nigendorpe heißt, französisch: Helion de Villeneuve. Deyks bemerkt in der Vorrede zu seinem Iter Ludolphi: „Ludolf gedenkt kurz vor dem Schluße seines Werkes, bei Damascus, der Judenverfolgung in Deutschland, die bekanntlich in die Jahre 1348 und 1349 fällt, als eines neueren Ereignisses. Hieraus geht hervor, daß um 1350 das Reisebuch Ludolfs abgefaßt ward."

2. Der lateinische Text Ludolfs.

Da die Cleriker im Zeitalter Ludolfs für Mitglieder ihres Standes gewöhnlich lateinisch schrieben, und Ludolf sein Buch, wie er am Schluße sagt, ad devotionem et reverentiam domini Baldewini, paderburnensis ecclesie episcopi dignissimi, schrieb, so darf der lateinische Text, welcher zugleich die ganze Landbeschreibung am vollständigsten giebt, als der Urtext betrachtet werden, der später ins Hochdeutsche und ins Niederdeutsche übertragen ward.

Handschriften des lateinischen Textes giebt es in Deutschland mehrere:

a. Papierhandschrift zu Berlin, nach Deyks aus der letzten Hälfte des vierzehnten Jahrhunderts, etwa von ao. 1380. enthaltend einen vorzüglich guten Text; bezeichnet: mss. Diez. C. f. 60.

b. Papierhandschrift zu Berlin, nach Deyck's aus dem Anfange des funfzehnten Jahrhunderts, einen nachläßigeren Text enthaltend; bezeichnet: mss. lat. fol. 198.

c. Handschrift zu München nach Schmellers Angabe aus dem funfzehnten Jahrhundert, und bezeichnet: clm. 14377. Sie ist nur kurz erwähnt auf dem Umschlage der Deyck'schen Ausgabe, und ich weiß daher nicht, wie sie sich zu den beiden Berliner Handschriften verhält.

Ein alter Incunabeldruck des lateinischen Textes sine loco et anno ist gleichfalls vorhanden; Helmschrott in seinem Verzeichnisse alter Druckdenkmäler, Ulm 1790. Th. 1. S. 208. und Th. 2. S. 64. vermuthet, er sey zu Straßburg bei Heinrich Eggestein erschienen, etwa um 1468 in zwey auseinander folgenden Abdrücken. Ein von Deyck's benutztes Exemplar dieses alten Druckes, enthaltend vier und dreißig ungezählte Blätter, befindet sich auf der Königlichen Landesbibliothek zu Düsseldorf, und beginnt mit den Worten: Registrum de itinere ad terram sanctam; die Schlußworte sind: Finit feliciter libellus de itinere ad terram sanctam. Der Text darin ist sehr fehlerhaft, und bisweilen unverständlich.

Zu München befinden sich nach Schmellers Mittheilung, auf dem Umschlage der Deyck'sischen Ausgabe, drei Incunabelausgaben des lateinischen Textes sine anno. Ob sie untereinander und mit dem Düsseldorfer Exemplare zusammenstimmen, ist mir unbekannt.

Daß die von Robinson in der Einleitung zu seiner Beschreibung Palästinas erwähnte, angeblich in Venedig erschienene, alte Ausgabe des lateinischen Textes wahrscheinlich auf einem Irthume beruhe, hat Deyck's a. a. O. S. xxi. gezeigt.

Für den von Deyck's im Jahre 1851 in den Schriften des Litterarischen Vereines zu Stuttgart gelieferten berichtigten lateinischen Text sind besonders die beiden oben erwähnten Berliner Handschriften, und das Düsseldorfer Exemplar des alten Incunabeldruckes benutzt worden.

3. Der hochdeutsche Text.

Auf der Münchener Bibliothek befinden sich zwei Handschriften desselben, über welche mir unser hochverdienter vaterländischer Sprachforscher Andreas Schmeller folgendes mittheilte.

    a. Papierhandschrift Cod. german. nro. 318. In Klein Folio, geschrieben im Jahre 1477 von einem Hieronymus Herprunner zu Lourr, ohne Zweifel Lofer in Tirol. Vor dem Ludolf steht darin eine Verdeutschung der Melusina; der Text des Ludolf nimmt Blatt 59—117 ein, und beginnt mit dem Register über die Capitel also:

    Ein Register uber das puech von dem wege zu dem heiligen grab oder gelobten lanndt, und bunderen hiemit begriffen. Von der stat Constantinopel; von dem Reich Grapp; von dem reich arrogony, cet.

    Nach Beendigung dieses Registers beginnt die Beschreibung des heiligen Landes also:

    Hie hebet an das Buech von dem weg oder zu dem heiligen grab oder gelobten land, und wunderen dabey vast churtzweilig begriffenn. Von dem gelobten land und weg gegen Jerusalem, von irem wesen und wunderen, die in dem grossen mer gesehenn werdenn. Dem hochwirdigen in got vater und Herren, Herren Waldewins von stainfurt, der kirchen badebornenn bischoff, sag ich petrus, pfarrer zu suechen, schuldig dienst und gehorsamchait. Wann aber der vil seind, die nu einmal in dem gelobten landt gewesen seind, und doch vil davon schreibent und sagent, und ich in denselben landen fünff Jar stätigklichen mit kunigen, fürsten, prelaten, edelen und unedelen, tag und nacht gewont hab, und auch die lannde über mer offt durchwanderet, nun von denselben landen, stetten, schlossen, dörffer, und sitten der menschen, hab ich offt in willen gehabt, euch zu Reverentz, und vil andern zu kurtzweil ze schreiben, und nit allain von disem, sunder auch von den wundern, die in dem Mer gesehen werdent. Wenn ich aber durch manigerlay geschäft an söllichem bin gehindert worden, so hab ich solliches von vergessens wegen in geschrift verzeichnet, und nun so ich inn mues chomen pin, hab ich willen nach kleiner meiner verstandtnus und gedachtnus blödigchait ein wenig von sollichem churz ze schreiben und sagen, gleich wie ich die zeit als man zalt von der gepurt Cristi M. ccc. und xxxvi iar sollichs gefunden hab, und darnach als man zalt M. ccc. und l. gelassen. Jedoch sol niemant gelauben, das ich die ding zeglich und alle, die ich einmischen wurde, mit augen gesehen habe.

    Dieser hochdeutsche Text ist eine ziemlich genaue Übertragung des lateinischen. Das Wort bunderen steht für wunderen, Wundern. Die Jahrszahl: M. ccc.

und l. ist, wie in mehreren anderen Texten, falsch geschrieben für M. ccc. und xli, wie die Berliner Handschriften richtig, und dem vorgehenden per quinquennium angemeßen setzen.

 b. **Papierhandschrift** Cod. german. nro. 252. in Folio, geschrieben in den Jahren 1477 – 1480. enthält achtzehn verschiedene deutsche Stücke, die meisten unganz, darunter auch Bruchstücke aus Marco Polo und Johann von Montevilla. Ludolf steht Blatt 1 – 55. ist aber unvollständig, und reicht nur bis in Capitel 76: von der Stadt Dannata. Der Text beginnt so:

 Eyn Register uber das Puche von dem weg zu dem hayligen grabe oder gelobten lannde, und wunderen in den Inseln und grossen mer daselbst. Von der Statt Constantinopel; von dem reyche Grap, cet.

 Nach Mittheilung aller Capitelüberschriften wird also fortgefahren:

 Hye hebet sich an das Puch von dem wege gen Iherusalem zu dem hayligen grabe oder gelobten lannde. Auch von den Inseln, leuten darinn, von irem wesen und wundern darbey, und auch die inn dem grossen mer gesehen werdent, und in Inndia und allenthalben vast kurtzweillig ze hören. Dem hochwirdigen in Gott vatter und Herren, herren Baldewino von Stainfurtt, der Kyrchen Badebornen Bischove, sage ich Petrus pfarrer zu Süchen schuldig dienste und gehorsamkayt. Wann aber der vil seyent die nu ainmal inn dem gelobten lanndt gewesen sindt, und doch vil davon schreybent und sagent, und ich inn denselben lannden funff jare stättigklich mit kunigen, fursten, prelatten, Edeln und unedeln [tag und nacht gewont habe] und auch die lanndt über mer offt durchwanndertt, nun von denselben landen, stetten, Schlossen, Dörfer, Inseln, und sytten der menschen, habe ich offt in willen gehabt euch zu reverenz, und vil andern [zu] kurtzweil zu schreyben, und nit allaine von disen, sunder ouch von den wundern, die inn dem mere gesehen werdent. Wann ich aber durch manigerley geschäfft an solichem bin gehyndert worden, so habe ich solichs von vergessens wegen inn geschrifft verzaychent, und [nu] so ich in muß komen bin, habe ich willen nach klainer meiner verstanntnuß und gedächtnuß blödikayt ain wenig von solichem kurtz zu schreyben und sagen, geleich wie ich die zeytt als man zallt von der [geburt] Cristi tausent drew hundertt und sechs und dreyßig jare solichs gefunden habe, und darnach als man [zalt] tausend drew hundertt und funffzig gelassen. Jedoch soll nyemant gelauben, daß ich die dinge yeglich und alle, die ich einmischen wurde, mit augen gesehen habe.

 Die hier von mir eingeklammerten Wörter fehlen in der Handschrift.

Ferner sind auf der Münchener Bibliothek, nach der mir von Schmeller gemachten Mittheilung, folgende zwei alte Drucke des hochdeutschen Textes:

a. Druck vom Jahre 1477. bezeichnet: Incunabula cum anno in quarto nro. 99. e. hat keine Blattzahlen; Hains nro. 10310.

b. Druck ohne Jahresangabe, bezeichnet: Incunabula sine anno in folio nro. 975. m. hat keine Blattzahlen, und ist hinten unvollständig; verschieden von Hains nro. 10311.

Der Text dieser Drucke weicht von dem der beiden oben aufgeführten Münchener Handschriften nur unerheblich ab, und Schmeller hält alle diese vier deutschen Texte nur für eine und dieselbe Verdeutschung. Der Engländer Thomas Phillips zu Middlehill begann im Jahre 1844 einen neuen Abdruck dieser alten hochdeutschen Übersetzung, deren Anfang, bis Cap. 33. „von der Insel Rodis" reichend, Herrn Deycks vom Oberbibliothekar Pertz mitgetheilt ward; siehe dessen Vorrede zur Stuttgarter Ausgabe des lateinischen Textes S. 23. Herr Deycks vermuthet, daß der Phillipsche Abdruck dem Drucke von 1477 folge. Ob er vollendet worden, ist mir unbekannt.

Ein neuerer hochdeutscher Text ist der bei Feyerabend abgedruckte, welcher zu Feyerabends Zeit aus dem lateinischen gemacht ward, da in der Überschrift gesagt ist, dieser Bericht über das heilige Land sey „in einem lateinischen Buch beschrieben, und jetzund erstmals verteutschet." Der alte schon hundert Jahre früher gedruckte hochdeutsche Text wird dabei nicht erwähnt. Feyerabends Übersetzung läßt hin und wieder etwas im lateinischen Texte stehendes weg.

Ein anderer neuerer hochdeutscher Text befindet sich handschriftlich in der Wolfenbütteler Bibliothek, in dem Codex 116. 6. extrav. in Folio auf Papier; die Blätter sind als fol. 452—507 bezeichnet. Dieser Text giebt Ludolfs Beschreibung des heiligen Landes, aber hin und wieder mit späteren Zusätzen vermischt. So heißt es darinn fol. 464. vers. bei Erwähnung der Insel Cypern mitten im Texte: „Ao. 1571. hat deß Türkischen Kaysers Obrister Mustapha die Insul Cypern belägert etlich Monat. Der Obriste in der Insul und Statt Famagusta hatt sich lang dapffer gewehrett. Als aber ime kein hilff kam, hatt er die Statt und Insul übergeben dem Mustapha, der ime, Bragadino, und allen den seinigen Frid und gleid zugesagt, aber nie gehalten; u. s. w." Der Eingang dieses Textes lautet also:

Volgt ein Beschreibung deß gelobten Judischen Landes und weg gehn Jerusalem, und grossen Wundern, die in dem grossen Meer gesehen werden.

Dem Hochwürdigen in Gott Vatter und Herrn, Baldowino von Steinfurt, der Kirchen Badelbrunnen Bischoff, sag ich Petrus, pfarrer zu Suthen, meinem Schuldigen Denst und gehorsamkait. Anno 1481.

Es ist vil wann einer nun ein mahl in dem gelobten Land gewesen ist, auch vil die darvon schreiben und sagen; Und ich Petrus, pfarrer zu Suthen, in demselben Land fünff Jar stettiglich mit königen und fürsten, Praelaten, Edlen und Uneblen Tag und nacht gewohnet hab, und auch die Lande uber Meere offt und dick durchwandert hab. Von demselben Land, Schlössern, Stätten, Dörffern und Sitten der Menschen, hab ich offt in Willens gehapt zu sagen, und durch kurzweil zu schreiben, und auch nit allein von difem, besonder auch von den wundern im Meer geschehen und gesehen werden, so hab ich solches in Schriften von vergessens wegen gezeichnet, und nun ich müssig bin, so hab ich mir fürgenommen, nach meinem ringen verstande und gedächtniß blödikeit ein wenig von solchem kurtz zu schreiben und zu sagen.

Als man zahlt von der geburtt Christi 1336 [hab ich Petrus Pfarrer zu Suthen ein Buch bekhommen] hatt ein Historicus das gelobte Land anfahen zu beschreiben, und Ao. 1350 solches vollendet. Das hab ich auch bekhommen und gelesen, und vil aus demselben Buch ausgeschrieben. Aber ich hab vil mehr in dem gelobten Land mit meinen augen gesehen. Derhalben ich die reifen in das gelobte Land verbeffert, welches Gott dem Patriarchen Abraham und seinem Samen verheißen hat. Und Christus Jesus, der Sohn Gottes, hatt in seiner Menschheit diß heylige Landt hoch geehrt und geheiliget, indem er solch heyllig Land mit seinem Blut gewaschen und gebenedeiet hatt. In dem lande hatt er das Menschlich geschlecht von Ewiger verdamniß erlöset, welches doch endtlich von der Gottlosen Juden [wegen] ist hernach verflucht worden.

Von Bäpstlicher erlaubung zu erlangen der zum heiligen Grab ziehen will.

Wann einer vorhanden, der in das gelobte Land ziehen will, dem ist zu vermelden, das er solches ohn Bäbstlicher erlaubung nicht thue; dan wo er solches nit thutt, so ist er im Bann, u. s. w.

Von der Statt Constantinopel.

Constantinopel ist ein schöne lustige Statt, und fast groß in irrem umbkreiß vier Meil wegs, und ist dreyeckets gebawen, in maß und gestalt als die Statt Rom, u. s. w.

In diesem Eingange scheint bald Ludolf selbst, bald ein späterer Überarbeiter zu sprechen. Die Parenthese: „[hab ich Petrus Pfarrer zu Suthen ein Buch bekhommen]" ist auch in der Wolfenbüttler Handschrift in Klammern eingeschlossen. Das andre eingeklammerte Wort „[wegen]" habe ich nur ergänzt. Der Schluß dieser Übersetzung lautet so:

Beschluß dises RaißBuchs.

Diß sein die Wäge des gelobten Landts fast guht, aber nit gemein, darauff men alle wolbenannte Statt und Gottsheuser durchschawen, wie sie in irrem wesen sein. Und das hab ich Petrus, pfarrer zu Suthen selber verricht, als man zehlt von der Geburtt Christi Tausendt dreyhundert und fünfftzig, und alles was ich geschriben, mit meinen augen gesehen, und theils mit meinen Ohren gehört, darumb der günstige Leser mir billich glauben soll.

Und solches hab ich geschriben von andacht und Reverentz wegen des Ehrwürdigen in Gott Vater und Herrn, Herrn Baldowinus, der kirchen zu Babelbronn Bischoff, und in dem Namen des Herrn angehept und volbracht; dem sey Lob und Danck gesagt von der welt und zu der welt. Amen.

Es folgt dann in der Handschrift fol. 503. vers.—fol. 507. rect. von derselben Hand noch eine Schilderung Jerusalems, also überschrieben:

Folgt ein Beschreibung der Statt Jerusalem,
aus einem KupferStich, wie die Statt zu der Zeit Christi gesehen worden.
**Welche Mappa oder Kupferstich ein Niederlander,
mit Namen Christian Adrioch von Delfft,
dem Churfürsten von Cöllen, Herrn Ernesto,
Hertzogin in Bayern
dedicirt hatt.**

Die Hand, welche den ganzen Codex schrieb, scheint mir neuerer Zeit anzugehören.

2. Der niederrheinische Text.

Die Sprache desselben scheint die des westlichen Westfalen zu seyn; Cölnisch ist sie nicht. Er findet sich handschriftlich in einem Codex der Königlichen Landesbibliothek zu Düsseldorf, und Professor Deycks hat Nachricht von ihm gegeben in seiner Schrift: Über ältere Pilgerfahrten S. 28—34. mit Hinzufügung einiger Proben. Die Schriftzüge des Codex schienen Herrn Deycks ungefähr den Jahren 1390—1420 anzugehören. Auf dem ersten Blatte steht, muthmaßlich von einer Hand aus dem Anfange des sechszehnten Jahrhunderts, folgende Überschrift: libellus tractans de peregrinatione in terram sanctam in teutonico propositus. Nun sollten der Eingang und die ersten Capitel des Ludolfischen Berichts folgen; aber sie fehlen. Der niederrheinische Text hebt an mit dem dreizehnten Capitel des lateinischen Textes: de navigatione per mare, und zwar also;

So welc mnnsch over meer wil varen, unde dat heilge lant soefen wil to water, die moet varen in einem cogge of in eener gallenyden. Segelt he mit ennen coggen, so vaert he recht over dat meer, unde en comet te genner havene, et en sy dat es en noet doe, of dat en spyse gebrefe, of anderen noetfalen. So let he Barbarien int süden liggen to der rechter hand, unde loepen vor by Griefen to der luchter hant, unde mach oed sien manich stolt einlant of werder, als Curfam, Sardiniam, Siciliam, Mantham.

Zur Vergleichung mit diesem Niederrheinischen Terte setze ich die entsprechende Stelle aus meinem Wolfenbütteler Niedersächsischen Texte her:

So well mynsche wil aver mer varen, dat hilghe lant tho sofende, alzo id vor ghesprofen hebbe, tho water, de mot mot mynt ennem fegghen edder mnt enner ghallenyden segheten. Seghelt he mnt eme fogghen, so varet he tho rechte over, unde holt tho nener havene, id en fy dat id eme do nod, edder dat eme spise enbrefe, edder dat ene ander notlife sate bedwinghet. So let he men Barbarien ligghen in dat süden tho der vorderen hant, unde up dat norden Grefen tho der luchteren hant, unde mach affoghen vele stolter stede, werdere edder lant, de in deme mere ligghen, Corsicam, Sardiniam, Ceciliam, Mantam.

Beide Texte stimmen hier unter sich sowohl, wie mit dem lateinischen überein, welcher so lautet:

Quicumque igitur voluerit terram sanctam vel partes ultramarinas visitare, ut praedixi, oportet ipsum cum nave vel galeyda ad ipsas transfretare. Si transfretat cum navo, tunc per mare transit directe, non applicando aliquem portum, nisi ventis contrariis, vel penuria victualium, vel alia maxima necessitate compulsus; et sic relinquit versus meridiem Barbariam ad dexteram, et relinquit versus septentrionem Graeciam ad sinistram; et contemplans famosas Insulas ad visum, scilicet Corsicam, Sardiniam, Siciliam, Mantam.

Der lateinische Ausdruck: contemplans ad visum ist vom Rheinländer durch das allgemeine: sien sehen, wiedergegeben; vom Niedersachsen durch: afogen abäugeln. Ich möchte daher glauben, daß der Niedersachse dem lateinischen Texte folgte, nicht dem niederrheinischen; aus dem letzteren hätte er auch wohl ein bloßes seen entlehnt. Bald nach jener Stelle sagt der lateinische Text von der Einrichtung der Galere:

Et habet sexaginta scamna ab utraque parte, et ad quodlibet scamnum pertinent tres navigantes cum tribus remis et unus sagittarius.

Der Niedersachse giebt dies genau wieder:

Unde hefft sostich banke in beyden halven, unde tho jewelker bank horen [dre] man mit roderen unde én schutte.

Der Rheinländer, die Zahl der Bänke und den Schützen übergehend, sagt blos:

Unde de galeyde hevet hoge bende, unde to einer bank behoeren dry man, die royen mit ryemen.

Dies scheint wieder dafür zu sprechen, daß der Niedersachse aus dem lateinischen Texte schöpfte, nicht aus dem niederrheinischen. Die sechszig Ruderbänke und den Schützen konnte er nur aus dem lateinischen nehmen, da sie im niederrheinischen nicht vorkommen.

Die Düsseldorfer Handschrift schließt mit den Worten: Deo gratias, und dann folgt noch mit rother Farbe: Mr de Vorschelen scripsit. Das Mr bedeutet wahrscheinlich Magister. Auf dem ersten Blatte stehen auch die Worte: Liber fratrum Stae crucis Conventus Mariae pacis, aus denen sich ergiebt, daß die Handschrift ehemals dem Kloster Marienvrede bei Wesel gehörte. Richtig bemerkt Professor Dehcks a. a. O. S. 38. daß sie in der Sprache ähnlich sey der Aufzeichnung der Rechte und Gewohnheiten des Bischofshofes von Xanten vom Jahre 1463. In Lacomblets Archiv für die Geschichte des Niederrheins, Bd. 1. S. 172. Aber das andere von ihm angeführte Stück, die Rechte der Cölnischen Kirche in Zülpich, bei Lacomblet a. a. O. S. 39. weicht in der Sprache ab; es hat Cölnische Sprache, indem es: jo zu, laiffen laßen, schreibt, wofür die Düsseldorfer Handschrift Ie und Iaten gebraucht, he Iet er läßt, Ietet men läßt man, der Westfälischen und Niedersächsischen Sprache gemäß. Was den Inhalt der Düsseldorfer Handschrift überhaupt betrifft, so ist er nur ein Auszug aus dem lateinischen Texte Ludolfs. Ebenso verhält es sich mit dem niedersächsischen Texte zu Wolfenbüttel.

5. Der Niedersächsische Text.

Es sind zwei handschriftliche Exemplare desselben bekannt; doch kann ich nicht sagen, ob sie übereinstimmen, oder zwei verschiedene Bearbeitungen des Werkes Ludolfs enthalten, weil Kinderling über sein Exemplar zu wenig mittheilt, und ich nicht weiß, wo es sich jetzt befindet. Die beiden Exemplare sind folgende:

1. Das Kinderlingische. Kinderling, Prediger zu Calbe an der Saale, sagt in seiner Geschichte der Niedersächsischen Sprache, Magdeburg 1800. folgendes S. 341. „Vom Jahre 1471 besitze ich eine handschriftliche ganz Niedersächsische Reisebeschreibung eines gewissen Ludolfs nach dem heiligen Lande, welche schon 1356 gethan, auch vielleicht beschrieben, von Nicolaus Culenborch aber 1471 abgeschrieben ist. Die kurze gereimte Vorrede ist diese:

we fint alle anbedende enen god,
unde holden vaste fyn ghebot;
dat et one bidde mit solter gronte,
dat et düt bok vulbringhen mote,
dat et mote bliven sunder schamen,
des bidde et hijr tho aldermenst,
den vader unde den sone unde den hilghen gheist;

unde wil beginnen in godes namen,
dat uns alle ghud gheſche, amen.
In allen (guden) dingen, de eyn mynſche deyt edder will vullenbringhen, ſchal (he) dar tho bidden bevoren god, de den mynſchen heft verloren, ſo blift dat ward unverloren.

„Die Anfangsbuchſtaben und die Ueberſchriften ſind mit Zinnobertinte geſchrieben. — Die letzten Blätter enthalten eine Beſchreibung der ſieben Hauptkirchen der Stadt Rom; die Namen ſind aber, wie im ganzen Buche, ſehr verunſtaltet. Am Ende folgen mit einer größeren Cancelleiſchrift zwei Seiten, die ein Gebet enthalten:

almechtige kum, ſume nicht,
et kome to di mit ruwe unde bicht;
barmhertige god, help raden wal,
mynner ſunde is leyder neyn tal; ect."

Weitere Auskunft über den Inhalt giebt Kinderling nicht. Das Wort (guden) ſteht auch bei Kinderling eingeklammert; das Wort (he) habe ich nur nach Muthmaßung ergänzt. Der von Kinderling mitgetheilte Eingang des Werkes findet ſich nicht im Wolfenbütteler Exemplare, und man könnte deshalb vermuthen, daß das Kinderlingſche Exemplar eine andre Bearbeitung enthielt als das Wolfenbütteler. Inzwiſchen wäre es auch möglich, daß der Handſchrift Kinderlings nur jener Eingang eigenthümlich war, und ſie im übrigen mit der Wolfenbütteler übereinſtimmte. Wo Kinderlings Handſchriften geblieben ſind, konnte ich nicht erfahren.

Kinderling bemerkt a. a. O. nur noch, die Sprache der Handſchrift ſey hin und wieder Cölniſch, nämlich in den Worten: dair dar, moyt muß, donk Tuch, ſomelke etliche, ſticht Stifft, jowelk jeglicher, bedarvicheit Bedürftigkeit, malk jeder. Allein dies iſt nicht richtig geurtheilt. Jene Wörter ſind gut Weſtfäliſch und Niederſächſiſch. Die von Kinderling mitgetheilten oben angeführten Bruchſtücke zeigen gleichfalls, daß die Sprache nicht Cölniſch iſt, die darin vorkommenden Wörter: et ich, gronte große, mote müße, tho zu, tal Zahl, ſind uncölniſch. Die Cölniſche Sprache, wie wir ſie in Hagens Reimchronik, in Koelhofs Cölniſcher Chronik, in den Urkunden bei Höfer und bei Lacomblet finden, gebraucht die Pronomina: ich ich, mich mich, ſich ſich, wir wir, ir ihr, uch euch, ure eure, urre eurer, und ſchreibt: zide Zeiten, zobrechen zerbrechen, zwen-

dracht Zwietracht, twijvel Zweifel, toich zog, ließ ließ, leiffen ließen, waiffen
Maaßen, groiffer großer, maichen machen, mois muß. Solche Wörter unterscheiden das Cölnische sicher vom Westfälischen und Niedersächsischen.

2. Das Wolfenbütteler Exemplar, enthalten in dem Codex Blancoburgensis 127. a. fol. 87—109. auf Papier, mit gespaltenen Seiten, etwas nachläßig geschrieben. Herr August Parz, welcher aus dieser Handschrift mehrere Stücke in der Berliner Zeitschrift Germania Bd. 6. 1844. mittheilte, bezeichnet sie als Manuscript. Blancoburg. nro. 41. welche Zahl sie wahrscheinlich früher führte. Parz vermuthet, dieser niedersächsische Text sey der erste Entwurf des Reiseberichtes, und hernach von Ludolf weiter ausgeführt worden in einem lateinischen Texte. Ich halte ihn aber mit Deyks, in dessen Pilgerfahrten S. 39. für einen Auszug aus dem ausführlicheren lateinischen Texte. Nur aus dem zu Düsseldorf vorhandenen niederrheinischen Texte ist meiner Meinung nach der Wolfenbütteler nicht geflossen, da er Angaben enthält, die im lateinischen stehen, aber im Düsseldorfer fehlen; wie schon oben S. 13. bemerkt ist. Der Wolfenbütteler Text erscheint im Ganzen etwas ausführlicher als der Düsseldorfer, soweit sich dies nach den von Deyks in den Pilgerfahrten gegebenen Stücken des Düsseldorfer beurtheilen läßt. Die Schrift der Wolfenbütteler Handschrift würde ich etwa in die erste Hälfte des funfzehnten Jahrhunderts setzen, freilich ohne eine entschiedene Behauptung darüber aufzustellen. Die Sprache könnte wohl noch dem vierzehnten Jahrhundert angehören; sie hat mitunter alterthümliche Ausdrücke. In den von Parz in der Germania bekannt gemachten Abschnitten des Wolfenbütteler Textes ist statt des in der Handschrift gebrauchten v immer f gesetzt; also die Handschrift hat: van von, vart Fahrt, veregget viereckt, verne fern, vorder fürder; bei Parz stehen dafür: fan, fart, fkregget, ferne, forder. Für die in der Handschrift im Auslaute gewöhnlich stehenden t und ch setzt Parz oft d und g. Die Handschrift hat dachvart Tagefahrt; Parz: dagfård.

Ich theile nun im Folgenden den vollständigen Text der Wolfenbütteler Handschrift mit, und füge am Schluße einige erläuternde Bemerkungen hinzu. Den Text habe ich in Capitel abgetheilt, und diesen eine Überschrift gegeben, damit man den Gang der Erzählung leichter übersehen, und diesen Text leichter mit dem von Deyks bekannt gemachten lateinischen vergleichen könne. In der Wolfenbütteler Handschrift aber sind solche Capitel nicht abgetheilt.

Veni sancte spiritus

Guder lude is vele, de enes gewesst hebben over mer, unde dat hilge lant enes deles dorgewandert unde dorch gevaren hebben, de vele wunderen schriven unde sprelen van deme lande; unde ik Ludolphus hebbe geswevet mank koningen, vorsten, baronen, unde mank eddelen heren des landes. Nu hebbe ik didde willen hat, dat ik dorch tytkortinge, unde unrowe to vordriven, gerne screven hadde van deme sulven lande, wo it in wesende stalt sy van underscheide, van bergen, van steden, van dorpen, van jegenoden, van luden und der lude zeden, van bedehusen, unde van anderen des hilgen landes; unde wo it dat lant van older tyt, do men scref na godes bort dusent jar drehundert jar unde sos unde drutttich jar, unde ok in welker wise unde welken done it dat sulve lant achterwegen let in der tyt, do men ersten scref na godes bort dusent dre hundert unde ein unde vertich jar, also verne alze ik van krankheit unde van vornumst mynner vorstantnisse van mynen sinnen dat vullenbringen kan.

1. Van deme hilgen Lande.

Nu scholle gi weten, dat dat hilge lant des lovedes, dat god van hemmelrike gelovet hadde Abrahamme unde synen nakomelingen edder syme slechte to gevende, unde is gode van hemmelrike minneklik, unde den hilgen engelen is it lovelik unde erlik, wente unse here Jhesus Christus is mit syme hilgen blode hilgen wolde, mit syner gotliken jegenwardicheit in unser minschliken krankheit, also men lest in den olden boken der bibelen, unde mit der werdicheit siner gotheit tziren wolde, unde an demsulven lande alle minschlike kunne van deme ewigen dode lösen wolde. Nochtent is dat sulve lant der mannichvoldicheit der sunden dergéner, de dar wonastich sint, unde mit mannichvoldigen plagen van unsem heren dike unde vele geplaget unde kastiet sint, nicht allene by cristen lüde int, wer et to menger stunde van oldinges, also men lest in den olden böken der bibelen, van mennigerhande luden vorderven, unde dicke vorloren unde gewunnen. Jodoch unse here Jhesus Christus, he wil siner werden merter nicht vorgeten. So wen he de cristenheit mit enem sintliken rise getuchtiget heft, also dat de cristenheit sunde verlaten hebbet unde vortegen, so wil he der cristenheit dat hilge lant wedder geven, alle de stede, berge, dorpe unde bedehuse, de noch alzemer nicht vorgán syn, also dat se noch harde lichte to beschermene unde wedder to malende weren, lát wesen dat somelike bedehuse edder ander stede van den Sarracenen enes deles sint vorstoret unde vorwustet.

Nu kome ik wedder in de ersten rede. So welk minsche de varen wil in dat hilge lant, dar hyr vor van gesproken is, de mot orlof hebben van dem Pawese, alse gi wol gehoret hebben. Vortmer so mot he by nöt over water edder to lande varen. Wil he to deme lande varen, so mot he teen, also ik gehoret hebbe van guden luden den dat kundich was, den rechten wech dorch Ungeren unde dorch de Bulgerie, unde dorch dat konigrike van Craz; men de wech is vullen vordrëtlik, also se spreken. Jodoch de ene arbeiden kunde, de queme wol seker unde velich over lant, unde nicht to water, wente in de stat to Constantinopolis. Van der stat wil ik nu ein kleine spreken.

2. Van Constantinopolis.

Constantinopolis is ute der mate eine schöne stat, also dat se heft ummelank in ereme creise acht mile, unde is ein schreppenisse also Rome, unde licht up dem over des meres. Desse stat is gezieret mit menniger hande kiringe, unde de kaiser Constantinus de hadde se gebuwet unde nomede se Constantinopolis. In desser stat is eine alto schöne unde eine alto grote kerke, also dat in alle der werlt nene grotter en is; ik dor de grotheit der kerken nicht seggen. Desse kerke is gewiget in de ere sunte

Sophien na den Greken. Ok is in der kerken alto vele hilgedomes, also dat kleit unses heren Jhesu Christi, ein nagel unses herren, ein swamp unde dat rör dar unseme heren mede geschenket wart an deme cruce; unde ok is ein del der sulen dar, dar unse here to geiselet wart, unde vele andere hilgen unde pawese, de dar restet. En schollen ok weten, dat in der stat wanet de Patriarcha der Greken, dar se van holdet, also wy hyr dön van deme Pawese to Rome, dat se nicht van em holden wen sunen kan.

Uppe dat wy hyr nu wedder in rede komen, so schölle gy weten, also men Constantinopolis laten wil, so mot men varen over ein mer, dat nicht breit en is, wente in Ciprum. So mach men gân al de werlt üt in deme hilgen lande wor me wil, dat segelendes nen nöt deit.

3. Van deme lande Gray unde Barbarien.

Ein ander wech is over lant, den mochte men velich wanderen. Dat were dorch Barbarien, unde dorch des koninges lant van Garnat, unde dorch des koninges lant van Gray; dat is gelegen by Hispanien lant, unde erlogen wedder den koning van Hispanien, unde nicht wedder den koning van Arragun, dat cristene koninge sint. Dit were ein gůt wech; men de Barbarien en laten nene cristene minschen dere, be mot anbeden eren Magumed, dat is ere afgod, unde des moten nene cristene dôn. Barbaria is ein sandich lant unde wůste, unde de lude, de dar wanen in deme lande, de sint swarte mörlude van deme lande Pugia. By Barbaria is ein kleine lant, nicht sös mile lank edder breit, dat het Pugia, unde alle de lude, de in deme lande sint, beide vrowen unde man, de latet in deme antlate also apen, unde hebbet tame apen in eren husen, also wy hyr hebben hunde unde honre. Van den apen neren sik de lude, unde teet junge apen, unde vorkopen de, unde winnen dar üt ere lifneringe.

4. Van der vart over mer.

Nu kome ik wedder up de ersten rede. So welk minsche wil over mer varen, dat hilge lant to sokende, also ik vor gesproken hebbe, to water, de mot mit einem koggen edder mit einer galleiden segelen. Se-

geit he mit eme koggen, so varet he to rechte over, unde holt to ener
havene, it en sy dat it eme do nöt, edder dat eme spise enbrete, edder
dat ene ander nötlike sake bedwinget. So let he men Barbarien liggen
in dat suden to der vorderen hant, unde up dat norden Greken to der
luchteren hant, unde mach afegen vele stolter stede, werdere edder lant, de
in deme mere liggen, Corsicam, Sardiniam, Seciliam, Maltam, Wonstar,
Pentriam, Cretam, Cnen, Nodis, unde mennich ander werder luttik unde
grot; alzo he de tomale sên heft, so kumpt he in Ciprum.

So we avervaret mit einer galleiden, dat is ein lankhaftich schip, unde
geit van dem einen over bet to dem anderen so bilank dem overe, unde
holt alle nacht te lande, unde heft sostich banke in beiden halven, unde to
jeweller bank horen dre man mit roderen unde ên schutte, unde nemet
alle dage versche spise unde kost, des men in den koggen nicht hebben
mach. Unde alse me dus mit galleiden segelt by over lant, so mach men
vele schone stede, borge unde dorpe sên; unde sunderliken alle de jegene
de me in den koggen aver lant afoget, de mach me altomale in den gal-
leiden beschedeliken sên, unde umme gân mit den galleiden in dat norden,
alzo gy hirna wol horen scholen. So wan men dan aldus scheyet mit
einer galleiden van enem over te dem anderen, so kumpt men to der stat
Constantinopolis, dar ik to vorne af gesproken hebbe.

So let men de stat liggen up dem overe des meres, unde kumpt
denne np de jegene, dar wandages de eddele stat Troya gelegen hadde,
dar men nu nein vötspar edder bekanteniffe af vinden kan, wen summelike
fundamente under dem watere, unde in summelke ende grote stene unde
mormeline pilre under der erden, de men doch, wen men se vindet, in
andere stede voret, unde gy scholet dar verware weten, dat to Venedye
nein stênpilre edder nergen ên grôt gehûwen stên en is, it ne sy van
Troya utgekomen. By der stede, dar wandages Troya gelegen hadde, dar
is eine voge stat gebuwet, de is van den Greken Ines Christianos ge-
nomet, dat is to dude gesproken: hilge stat. Desse stat Troya was uppe
deme overe belegen des meres in ereme lande, dat was geheten Frigia.
Alzo men den van Troya segelt mit der galleiden, so süt men anderwege
de overe des landes Lumbardie, Campanie, unde Calabrie unde Apulie.
So wan men danne van danne schridet, so kumpt men an ein werder, dat

hêt Corsica. Vn deme werder, do sunte Pawel gevangen was in deme jodeschen lande, unde sik beropen hadde in den keiser, do wart he schipbrokich. Des avendes, dar he in der harbarge sat by deme vure, do blêt ein adder eme an; dat schadede eme nicht, also men lest in dem boke der apostole van deſſem werdere.

Van deſſem werder Corsita segelt men vort in Sardiniam, dat ein harde gut lant is, unde vele vee is dar in dem lande, unde quelles unde guder weide genôch, unde sunderliken de rulle unde avervlöt van meltenspise. In deme lande lach wandages Anguſtinus gegraven, unde wart dar ütgenomen van deme koninge der Lumberden, unde wart gevoret in Paviam. Ut deſſeme lande was ôk geboren sunte Macarius, de de benômeſte was under allen ensêdelingen. Van deſſeme lande Sardinia is ein voge werder na by belegen, dat hêt Onle Sanpiger, dat is to dude spreken: sunte Peters werder. In deſſeme werder sint wilde perde, de etet men vor dat wiltbrade. Van deſſeme werder schepet men vort in Secilien lant, in dat eddel dure koningrike, dat in some rume unde in some circle lxxx mile brêt unde lanc, unde is dat aldereddelſte lant van allen landen de nmme belegen sint.

5. Van Secilien.

Dit lant Secilia heft over sik soven biscopdome, unde einen ertzebiscop de Monte regali, dat is to dude spreken: van dem koninglîken berge. De biscop was by myn tyt ein barvet broder. Dit koningrik heft ôk also vele eddeler ſtarker ſlote unde dorpe, sunderliken also vele vaſter ſtede uppe deme overe des meres liggende, also Meſſinam, Palermam, Trapanam unde Cataneam. Catanea is eine ſtat; dar sunte Agata inne gemarteret wart, dar noch ere licham graven licht, dat se dar in groter werdicheit hebben, in groter hode van der ſtat Siracusana. By der ſtat Catanea licht ein vil hoch berch, de hêt Velus pulcer mons. Deſſe berch vlammet unde rotet sunder underlât also ein glogendich aven, unde warpet van sik grote verbrande ſtene, also ein voge hûs grôt, de se in deme lande pomes heiet, dar de scrivere parment mede slichten. Ut deſſem berge quaſſet dat vur, dar men af leſt in dem boke der marter sunte

Agaten: velum drogen se tegen dat vur, unde dat vur verginf darvan dorch werdicheit der guden sunte Agaten.

Noch is in Seciligen ein voge Ilene werder, unde heft nicht mer wen euen berch; deffen berch heten de lude Vulfanus. Deffe berch gift ok sunder underlât vlammen unde vur alzo ein glogendich oven, vele gruwelker wen de berch Beli, dar it vor af gesproken hebbe. Wen der werdicheit der hilgen juncvrowen sunte Agaten so en vornemen se nu so grote plage nicht, alzo se hnr vormals dân hadden van dem berge Beli. Ein ander stat is in Secilia, de het Siracusana; in der wart gemartelt de hilge juncvrowe sunte Lucia, unde ere licham licht dar algans; unde vele anders hilgedomes is in Secilia, dat men dar heft in groter werdicheit. Un Secilia sint vele werdere grôt unde kleyne, dar Sarracinen in wanet. Ein ander werder is dar, de het Malta, unde heft nicht mer wen ein biscopdom an sik; dat hebbe ik dicke dorgevaren. Un deme is ein ander werder; dat het Colmach; dar is so vele konineken, dat se kume in deme lande kunnen bliven. Darbn is ein auder werder, de hetet Gon; dar is also vele quekes unde moltenspise.

6. Van Achaia.

So wan men denne vort vart van Secilia, so kumpt me in Achaiam unde in Macedoniam, unde in andere jegene der Greken. In deme lande licht eine schone stat, de het Patras. Dar wart de hilge apostel sunte Andreas martelt. De hilge man Antonius, unde vele andere hilgen hadden dar wanet, unde weren van dar geboren. Nicht verne van dar licht ene stat, de het Athenis, dar wandages hadde gewesen dat grekische studium. In deme sulven lande Achaia licht Chorintus, ene alto schone stat up ene berge, unde is vast; to der stat scref sunte Pawel by syner tyt vele syner breve. Nicht verne van Chorintus licht de stat Galatus, dar ok sunte Pawel syne breve sande; unde gala in greken ludet in latine vel dudesche so vele alzo melk; wente de lude de dar wonet, de sint wit alzo melk vor anderen, de dar umme beseten sint, van nature der stede. Van Achaia varet me in ein ander werder, dat het Sena, unde is eddeler wan andere werdere; wente dar wasset de mastix, de in al der werlt enders nergen wasset; lat wesen dat de bome anders wor wasset, jedoch vint me de vrucht nicht. Van Scha schepet me in Patmos, dar sunte Joannes evangelista sach de hemelicheit godes unde des hemmels, unde scref dar Apocalipsim, dat is dat bok der hemelken apenbaringe unses heren. Van Patmos schepet men in lutte Asia. Unde dat hete wandages lutte Asia, dat het nu Turchia, wente de Turchen dat lant den Greken afgewunnen hebben. De Turchen sint lange swarte lude unde vrame. Dat sint Sarracinen; nochten sint se nicht van Sarracinen van art geboren, aver van cristene lude, de dar de cristenheit versaken.

7. Van Ephesus.

In deme sulven werdere is eine grote stat, de het Ephesus, unde in der stat is ene kerke cruceswys gebuwet. In desser kerken wart de leve vrowe godes geladen to der werschop des hemmelrikes, unde legede sik in ein graf, dar he besworken wart mit ener lucht unde mit eme schine, dat me ene nicht mer en sach. Dat sulve graf is by deme oversten altare, dat me apenbar wiset demjennen de dar kømet, up dat he ersten den Turchen enen penning geve.

8. Van Rodis.

Van Ephese vart me vort unde segelt in mannigerhande vele werdere, unde gy schollet dar verwar weten, dat in der jegene des meres mer wen soven hundert werdere sint, minre unde groter, somelike mit luden bewonet, somelike al wuste. Van dar kumpt me in Pathera, dat wandages ene alto schone stat was; men de Turchen hebben se nu verstoret unde gebroken. Ut desser stat was de gude milde sunte Nicolaus geboren. Van Pathera segelt me in Creta, dat wandages ein koningrike wesen hadde; dat en heft doch nicht vele stede edder slote. Men de meste stat de hetet Candea. Dit werder wunnen wandages de burger van Venedie den Greken af mit gewalt.

Men secht vele van deme lande over mer, alzo wo it gewunnen wart, unde wedder verlaren is; wente nu wil ik juw ein kleine seggen van deme lande, dat de swarten godes riddere beseten hebben, unde holden it noch mit groter macht unde is geheten Rodis. n schollet horen unde weten, dat Rodis ein alte schone lant is, unde vullen lustik unde gesunt is. Dat het wandages Coles, unde het enen erkebiscop, de sik colocensis archiepiscopus scrivet. In deffem werdere schrifft unte Pawel vele sinner breve, unde was ersten Coles heten, unde nu hetet it Rodis, umme den sovenden del der werlt, dar dat werder allene inne belegen is, unde delet unde scheidet dar de flude der werlt. Van deffeme werdere hef sik erst an enes deles de verstoringe der rodelen stat Crona; wente me sede, dar were ein wedder efte ein ram, de hadde ein gulden vluß; dar is mer af gescreven in der Cronanschen historien. Dit werder Rodis is ein alto dure land, unde het vele bergetes, unde licht in alto guder lucht, unde vele dertes heft it an sik, dat dammes hetet. Vortmer alle degennen, de dat mer buwen, se komen, ut welken enden des meres dat se komen in Greken, so at dem werder Rodis, edder dar by eme. In deffeme sulven werdere is eine stat, de hetet Rodis, unde is eine alte schone dure stat, unde vullen stark unde vast mit muren unde tinnen, unde unwinliken is se gebuwet mit so groten stenen, dat it unmogelik is, dat it van minschen handen maket is. Dit werder wunnen de swarten godes riddere, de sik scriven brodere des hospitales sunte Johannis van Jherusalem, den Greken af mit gewalt, do Akris verloren was, unde legen vor der stat veer jar, unde hadden se er nummer gewunnen, wente dat se degedingeden mit den de dar inne wonastich weren, de se sik to togen mit liste unde mit gave.

Do ene dat werder willemodes gegeven was, do legeden de brodere des ordens ere hovetcloster dar, unde wonet dar, unde sint dar in gesammelt verdehalfhundert brodere; unde de hovemester, de dar by myner tyt was, de het Helianus van nigendorpe, unde was ein vullenkomen olt man, unde sammelde vele gudes, unde lede untelliken schat to samende, unde buwede starke to der stat, unde entleddigede den orden van alto groter schult. Dat werder licht by Turchia up eme rupmale weges na, unde ein arm des meres schut dar entwischen; unde de brodere hebben aver alle lant dar ummelank Turchiam den drudden del aller upkominge to tinse; unde hebben rowe, vorwort unde vrede mit den Turchen to lande, unde nicht to watere, noch in densulven jegenen, dar se den cristenen nenen scaden dôn mogen. De sulven brodere des hospitales hebben dar by ek ein ander werder, dat het Longe, unde is vil rike unde overvlodich van korne, van wyne, van olje, unde van ander vrucht. Dar hebben de brodere van Hodis onfhundert brodere liggen. Of hebben de brodere in anderwegen werder, dat vullen nutte is unde bederve, unde is geheten Castel Lius, unde was wandages allemale vorwustet van den Turchen. Men nu is it wol besettet, unde wonet van den sulven broderen mit eren sulneren dar inne, unde hebben dar inne ene alto grote starke borch, also dat men van der borch afoget al de schepe, van welken enden des meres se to komen, wol uppe viftich mile ummelant. Unde also de des enwâr werden, so kundegen se dar den broderen van Hodis unde in Longe, unde anderen cristenen, de ene ummelant beseten sint, des dages mit ene roke, unde des nachtes mit lochene, wo vele der schepe up deme mere sin. So wan de brodere unde andere cristene lude des tekens enwâr werden, so reden se sik to were unde to stride, na deme dat der schepe vele is minner edder mêr. Dat werder is den cristenen alto nutte unde bederflik; wente sodder der tyt, dat de brodere dat werder unde de borch gehat hebben, so en konden de Turchen den cristenen nenen scaden dôn to schepe. Of êr der brodere tyt Hodis unde Longe, unde alle dat lant der cristenen dar ummelant weren tinsastlich der Turchen, unde musten en tins geven; men dat hebbet nu de brodere mit der hulpe godes gewandelt unde afgelecht.

Do de Turchen dat vorstoden, dat de brodere sunte Johannis Hodis dat werder sik underdanich hadden gemaket, do sammelden se sik mit einem starken here, unde mit vele volkes, unde sanden herlike boden vore, mit soken worden unde oruntschop to den broderen, unde leten eschen sodanen tins, also me en dar schuldich was, unde untboden den dar to, dat se gerne mit den broderen ene lovede unde ene oruntscop maken wolden; men den tins wolden se jummer hebben. By der tyt was do ein hovemester in dem orden; wen her Phoca van Philoreth, de hovemester wesen hadde, de was van twidracht der brodere aveset. Do was ein vrome broder, de was geboren hir in dudeschen landen van Basele; de was ein vormunder des ordens, unde was ein vrome unde erbar ridder. De antworde den Turchen, unde bat se, dat se em geven vrist drer dage, dat he sik underdes berede. Dat deden se gerne, unde untboden dat

4

erme volke. Binnen den dren dagen satte de sulve ridder, de vormunder
des ordens, snnen vint dar ene werschop eddelisen mit den Turchen to
makende, unde was blide, unde vorderde dar under endelifen wes se
willen hadden, unde schaffede öl dar under wapende lude unde schepe, wat
se der tosamende bringen konden. Unde höf up, unde sede, he wolde tën
up de Grelen to stride, unde bat de Turchen, dat se gingen in snne dorn-
ken, de wol besloten was, unde weren dar inne uppe dat en de cristene
nén ungemak en deden, wente dat he wedder queme. Dat deden se gerne,
unde he settede dar hudere, de dar mit eme wusten. Dar vil he to mit
snnem volke, unde mit snnen schepen, in dat mer, unde was des mor-
gens vro in der dageringe dar de Turchen legen, unde vil an se, unde slöch
se, unde schot beide man unde wyf, kindere, junk unde olt, unde allent
dat se vunden. Wente de Turchen unde de Cataren pleget des, wen se
üt tët mit eme here, so voret se mit sit wyf unde kint, güt unde allent
wes se hebben. Do de brodere dat gedän hadden, unde dat volk tomäle
döt geslagen hadden, unde allent wat se dar vunden, unde güt unde
quek nomen hadden, do quemen se wedder to hûs in Hodin des sulven
dages umme midden morgens tyt mit groter vrouden, unde weren blide
unde vro. Ik horde van somelken luden, de dar mede wesen hadden,
dat se so vele gudes nemen, dat se dat mit jnnen achter to den schepen
bunden, unde tredeben it achter aver dat mer. Do alle dink wol van en
vorsatet weren unde begadet, do lët de vormunder des ordens de boden,
de de Turchen hadden ütgesant, vor sik laden, unde sede, dat de brodere
gerne wolden vrede unde lovede maken mit den Turchen, unde wolden
gerne geven eren tins. Darmede lët he se varen. Do wusten se van
nenen dingen, unde quemen des sulven dages mit groten vrouden uppe
de jegene unde stede, dar se ere volk gelaten hadden, unde vunden al
dat her in verschen voten slogen, unde de lude vunden se nakel unde
blöt liggende, unde alle ere güt was wech. Do se dat segen, do togen
se wedder in ere heimode mit groter bedrofnisse, alzo se ersten hadden
vrolik gewesen, unde seden do den Turchen alle dink wat dar geschën
were. Ha deme dage vortmër wente hute an dessen dach eschteden de
Turchen, noch de Cataren, van den broderen nenen tins.

Men vortmër scholt gy weten, dat in Rodo is vele schones hilge-

— 27 —

domes, dar ût mank is ein erne cruce, dat gemaket is, so men wenet, van dem bedene, da unse here syner jungeren ere vote út dwoch. Dar plegen de segelere wes in to dregende, dat ene nutte unde gút sy in deme mere vor stormes nôt. Dat cruce unde mennich lovesam hilgedom, dat de brodere nu hebbet, dat hadde wandages gewesen der Tempelere, der nu de brodere ût hebbet alle ere borge, unde alle ere gút. Van eddelicheit des werders Bodis, unde wo de brodere dicke so gevochten hebben, dar were vele af to sprekende. Men nu wil ich juw seggen van Cipro, dar ût de brodere borge unde lant hebben, also gy hirna wol horen schollet.

9. Van Cipro.

Van Bodis segelt me vort in Ciprum. Ciprus is eine eddele schöne lant unde vruchtbar, unde vullen rike under allen werderen de dat mer drecht ungelike, wente it riker unde vruchtbarer is wen alle de werdere, de eme ummelant belegen sint. Men lest dat Japhet, Noes sone, de erste were, de dat lant este werder besatte und bewonede. Unde na syner grote is it dat aldereddelste lant, dat boven allen landen is, unde dat hogeste, mit allen steden des meres, also Egipti, Surie, Armenie, Turchie unde Grecie, umme gelegen, also it mit eneme gordel gordet sy. Tuschen Cipro unde alle deffen steden is verner weges nicht wen ein dachvart, also gy hyr wol na horen schollet. Dit eddel werder was wandages der Tempelere, unde vorkoften it dem koninge van Jherusalem. Darna do dat hilge lant unde ok Akris wunnen was unde vorstoret, do it was der koninge van Jherusalem, quemen de vorsten, unde de eddelen, unde de baronen des landes, unde legeden dat koningrike van Jherusalem in Ciprum, unde woneden dar wente in deffen jegenwardigen dach. Aldus wart do Ciprus ein koningrike. In Cipro sint dre biscop-dome; dat erste hetet Paphensis, dat andere Uimostensis, dat derde Famagustanus; unde ein metropolitanus, de hetet Uicostensis; de was by myner tyt ein barvet broder, unde hetet Helias; den makede fodder kede de soste pawes Clemens to Rome ein cardenal. De eddelste stat in Cipro is Paphus, unde was wandages ene alto schöne stat; men nu to se alzomer wuste worden van groter ertbevingen, unde licht uppe

4*

deme overe des meres to rechte iegen Alexandrien. Deffe stat bekarde sunte Pawel unde Barnabas, unde van der stat wart alle dat lant geloved, also me in den boken der apostele lest.

In der stadt Paphus stunt wandages de borch der vrowe Venus beten; dar plach men den afgot Venus antobedende, unde quemen van verne landes, unde sochten vrowe Venus heime. To desser borch plegen sik to samelende alle eddele heren, vrowen unde jungfrowen; dar was vrowe Venus tempel. In deme tempel wart ersten handelt unde redet de florinye der eddelen stat Troya; wente de koninginne van Greken wolde den tempel heimesoken; do wart se gevangen, unde in Troyen entvort. Vortmer alle vrowen unde jungfrowen loveden sik to dem tempel to komende, uppe dat se to manne quemen. Darumme sint in Cipro van natur unkusser lude mer wan in anderen steden. Wente de erde van deme lande, unde menliken van der stede, dar de borch gestan hadde, nemen se, unde leden se einem minschen under dat hovet; de minsche levede alle de nacht na hovescher minne. By der stat Paphus is de stat, dar Hylarion gewonet hadde, unde vele wunders unde tekene werkede he dar; unde vele andere stede, dar vele hilger inde gewonet hebben, unde sunte Manna, de ut dudeschen landen gebaren was, den de Greken mit groter innicheit plegen anteropende, uppe dat he se trostede van alleme ungemake.

10. Van deme wyngarden Engady.

In deme sulven stichte van Paphus is de wyngarde Engady, de in alle der werlt nein liken heft, unde is gelegen uppe enem alto hogen berge, unde heft in lenge unde of in brede twe gantze milen, unde is in allenthalven ummelant mit groter hoge der berge belegen, also oft he bemuret sy, unde uppe ene syde geit ein enge wech to; dar enboven is he slicht averal. In deffeme wyngarden wassen wynravene mennigerleie unde menniyerhande. Sommelke dregel druve unde beren, also brune plomen grot; de anderen dregen kleine beren also eine arwete. Sommelke dreget witte druve, sommelke swarte; sommelke dreget druve, dar nene kerne ane sint. Of sint dar stede, de dreget landaftige beren also ederen; unde mennigerhande wynvrucht mach man dar sen. Deffe wyngarde was wesdages der Tempelere, unde un is he der godesriddere van Rodis. Unde in der tyt do ene de Tempelere hadden, do weren dar alle dage hundert Sarracenen inne gevangen, de weren in deme wyngarden, den men anders nên werk an gelede, men dat se den wyngarden reine makeden unde warden. Jk hebbe dicke vele horet van guden .luden, dat under des hemmels trone neyn schoner unde wunliker stenade were, dat god den minschen to bederve maket hadde: also men dar af left in den boken der getstlifen leve: botrus cipri dilectus mens in vineis Engady, dat spreket: myn leve is my ein druf sk Cypro in den wyngarden van Engady.

Nicht verne van Paphno is de stat Nimociensis gelegen, unde was wandages eine schone stat; men nu is se sere vergân unde verwustet van unentliker ertbevinge, unde van waters flôt, dat unverwandes van deme berge kumpt. Desse stat licht uppe deme overe des meres, unde heft jegen sik over Tyrum unde Sidonem, unde Baruth. In der stat woneden de Tempelere unde sunte Johannis bredere van Akris, do Akris verloren was, dar men noch vele herliker schoner palase af sên mach. By Nimocium is ein wyngarde, de is geheten lutte Engady; dar wassen ôk mennigerhande wynstocke; sommelike sint so grôt, dat se ein minsche mit den armen nicht umme vaten en kan; men se sint nicht hoch, unde dreget nicht vele vrucht. In desseme stichte liggen bredere van den Dudeschen in einer stede, de hetet Pravimunt. Ôk sint dar Engelsche des orden sunte Thomas van Kantelenberge. In desseme stichte licht to der syden af ein alto grôt berch, unde is deme berge Tabor vullen lyk. In deme berge des overs dar licht ein schone munster; dar sint inne monneke van sunte Benedictus ordene. In deme munster is dat cruce algans, dar de morder ane hangede to uses heren vordere hant, dat dar wart gebracht van sunte Helenen, Constantinus moder, de dat munster stichtede unde wedemede. Dat cruce gretet innidiliken alle de dat mer buwet, so wen se darbn komet; unse here god van hemmelrike werket ôk vele gnade unde wunders dar in deme munster dor werdicheit des hilgen cruces. Van desseme berge sût me wol bescheidelifen den berch Libanus.

11. Van Famagusta.

De drudde stat in Cipro de hetet Famagusta. unde licht uppe deme overe des meres, alzo dat dar sint alle havene des meres unde des koningrikes; unde alle lüplude unde pelegrimen, de dat mer buwet, de moten by nöt de vlucht hebben to der stat. Desse stat is so belegen, dat se heft jegen sik to rechte aver Armeniam, Turchiam unde Siris. Desse stat is verne de alderrikeste vor alle den steden de in Cipro sint, unde de borgere, de dar wonet, sint also rike. Dar was ein borger in der stat, de bereit to einer tyt eine dochter; der juncfrowen hirheit unde ere kenade, dat se umme ere hovet hadde, dat wart geprifet van ridderen van Vrankrike mer wen alle kienade des koninges van Vrankrike. Ein kopman ut der stat vorkofte to einer tyt deme Soldane einen gulden koninglifen appel, de hadde an sik veer eddele stene, einen karbunkel, einen margariten, einen kaphir, unde einen smaragdus, unde gaf one umme foftich dusent florenen; darna eschede he den appel wedder to kopende vor hundert dusent florenen, unde konde eme nicht wedder werden. Ok sach ik dar einen constavel van Jherusalem, de veer margariten hadde, de syn wyf in der breken dröch; de settede he wol vor dre dusent florenen wen he wolde, unde wor he wolde. In desser stat is wol sommelik man, de in siner apoteken heft lignum aloe mer wen vnf wagen dregen konen. Van eddelem crude, dat dar mene is alzo hier bröt, unde dat me sommeliken vorkoft, des swige ik al stille. Men van eddelem gesteine, unde van eddelem gulden wande, unde van anderme rikedome des landes, des der ik nicht mer spreken; wente it were hyr to lande unlovesam unde ungeheret. Unde in desser stat liggen of vele rike mene vrouwen, dat meretrices heten, der sommelik mer hebben wen hundert dusent florenen; van oreme rikedome dor ik nicht mer spreken.

12. Van Salaminia unde Nicosia.

By Famagusta is ein ander stat, de hetet Constancia edder Salaminia, unde licht uppe deme overe des meres. To der stat was wandages rike havene, unde was wandages ene also benomede stat, unde eddele unde vullen schone, alse it noch wol schyn is in erme vorvalle. Dar was Epiphanius, ên hillich man, to enem bischoppe koren, unde licht dar gegraven. Ut desser stat was ôk geboren de hilge juncfrouwe sunte katherina, unde in der steden, dar se geboren wart, dar steit ene cappelle. In desser stat wart Barnabas, de ên vorvolger der apostele was, gemartert, unde gebrant by der stat, unde licht dar gegraven. Desse stat, unde alle dat lant ummelant, hadde de hilge man, sunte Epiphanius, vorluchtet mit mannichvalden wunderen unde mit velen tekenen, de he dede; men nu is de stat to grunde vorstorret unde vorgân.

In Cipro is eine andere vul grote stat, de is Nicocienfis edder Nicofia genant, unde is eine erhestat alzo hyr to lande Colne, unde is belegen in deme bergete des landes in einer flichten jegene. So licht dar de koning van Cipro, unde alle de biscoppe unde prelaten des landes; unde êl in der stat sammelt sik alledageltkes alle vorsten, greven, eddele heren, baronen, unde ander ridderscop des landes, unde wonet dar dat mêste dêl, unde hebbet dar tytkortinge mit spele, unde mit tornêrende, unde sommelike mit jachtspele, wente dar is vele wildes; dar sint wilde weddere, de in alle der werlde nergen sint; de vanget me mit lebarden; anders kan men se nicht vangen. In Cipro sint vorsten, eddele heren, baronen, riddere, borgere, de rikesten de in al der werlt sint; wente ein man de dar des jares dre dusent guldene to rente heft, den vorsleit men dar nicht hoger wen enen de hyr inme lande wor des jares dre mark geldes heft. Unde se vordôt noch al dat se hebben mit jachtspele. Wente it lande enen man in deme lande, den greven van Japhe, de hadde mêr wen vyf hundert jachthunde, unde jo twe hunde, alzo dat in dem lande eine wise is, hebben einen sunderliken knecht, de se reine waret, unde badet se, unde salvet se, dat men jo by nôt dar dên mot den hunden. Ot dar is sommelik eddele here, de dar tein efte twelf valkenere hebben, de ere egene rente hebben. It hebbe vele eddeler heren unde riddere in Cipro bekant, de sachter scholden hebben holden unde bekostiget twehundert man mit wapene, den syne jegere unde syne valkenere. Wente wen se ût tên in de jacht, so liggen se wol ein mânte in der jacht in den wolden unde in den fulen efte bergen mit eren paulunen, unde wetert van der enen stede in de anderen mit den hunden unde mit den valken, unde anderet ere tytkortinge an holte unde an velde, unde slapet des nachtes in eren paulunen, unde voret spise unde oder, unde notroft to orer behôf mit sik mit olvenden unde mit anderen dêrden.

Nu scholle gy weten dat in Cipro sint de eddelsten unde de besten,

unde de rikesten vorsten, eddele heren, baronen, riddere unde borgere, de
de werlt hebbet, de dar wonet mit eren kinderen, unde wandages tomâle
hadden wonet in den steden der lant, dar ik vor af gescreven hebbe, in
Suria, in Judea, unde in der eddelen stat Akris. Do dat lant unde de
stede do vorloren worden, do vlôn se alle in Ciprum, unde bleven dar
wente in deffen jegenwardigen dach. In Cipro sint dt altovele riker kôp-
lude unde borgere, unde des en is nein wunder; wente Ciprus is dat
leste cristene lant, unde licht also dat alle schepe, de dat mer drecht, grôt
unde kleine, unde alle de kopenscop, dat sy wes dat sy, unde it kome van
wanne it kome, dat mot jo by erst komen in Ciprum, unde dat en kan it
nenerleie wys umme varen edder miden. Ok moten dar by nôt to
komen alle de pelegrimen, de over mer willen, se komen van wat lande
dat se komen, de moten jo in Ciprum, unde dach by dage van der tyt
dat de sunne nygeit wente an den avent, dat se to golde geit, horet me
dar nige mere. Vortmer horet me in Cipro, unde me spreket dar, unde
me leret dar in einer funderliken schole alle de sprake de de werlt heft.
In Cipro waffet dt gut wyn, de is ersten rôt; so steit he in erden
potten vêr jâr, edder ses, edder tein, edder twintich jâr, so wert he
blank, unde also he so lange steit, nochtan wert suuer desto min nicht;
wente he sterket van dage to dage en dêl, also dat me meinliken to dem
teinden dêl wynes mot negen werve so vele waters dôn. Drunke ein
minsche des wyns eine bedene vul, dat dat mogelik were, he en wert
nicht verdrunken dar af, he verbrande einen minschen inwardich tomâle;
nochtant is he gut unde sunt nuchteren drunken. Darumme vint me in alle
der werlt nergen so strak unde gut gedrenke also in Cipro is. In Cipro
waffet dt alderhande bome, unde allerleige krut, also in deme hilgen
lande. By myner tyt, also ik dar was, do starf dar vele eddeler heren
ut dudeschem lande, also de greve van Wetheborch, de here van Lichten-
steine, unde andere heren vele.

Vortmer alle de jegene by deme mere dt Curchenlande, also Condoler,
unde Salinir, Sachl unde Satalia, unde andere stede dar ummelant, sint
altomale underdanich dem koning van Cipro, unde geven eme tins. In
der stat Satalia wonet drigerhande wunderlik volk, unde de stat is gedelet
in dre dele, mit graven unde mit muren underscheden. In dem ersten

wonet Greken, de viret den fondach; in deme anderen wonet Joden, de
viret eren sabbat; in deme drudden dele wonet Turchen, de viret den
vrigdach. In deffeme ersten dele der stat, dar de Greken wonen, dar is ein
bilde na unser leven vrowen gemaket up ene tafle. Der bilde sint dre in
der werlt; erer ein is to Rome; dat andere to Constantinopolis; dat
drudde in Satalia, unde sint tomale van einer lenge unde van einer grote,
unde van einer schippeniffe. De bilde heft wandages sunte Lucas gemaket
na unser leven vrowen formen unde figuren. Dorch werdicheit unde ere
des bildes werket unfe here god vele schoner wunderliker tekene. Van
anderen vrouden, van rikedome, unde van eddelicheit des landes Cipri,
dar were wol vele unde lank af to sprekende.

13. Van den steden uppe deme overe des meres.

Nu kome ik wedder up de ersten rede. Van Cipro segelt me ût to
welker stat me wil, de up dem mere belegen is, in Egiptus unde Suria,
also Alexandria, Tripolis, Baruth, Biblus, Japhe, Sydon, Tyrus, Akris.
Men deffe stede sint en dêl vorwustet; doch wil ik ein kleine dar af spre-
ken. Nu scholle gy weten dat alle deffe stede, de hyr vor benomet sint,
sint nicht ene dachvart van Cipro. Unde Alexandria is de erste stat
Egipti, unde is de beste stede in des soldanes lande, unde is belegen uppe
dem olete des paradises, dat Nilus hetet. In deffer stat was de hilge
here funte Marcus patriarcha, unde wart dar gemartert; van eme is dar
noch gebleven de patriarcha der kristenen. By Alexandria is de stede,
dar funte Katherina gehalet wart, unde van den hilgen engelen gevoret
wart uppe den berch Synay, de van dar licht wol achttein dachvart edder
mêr. Nicht verne van Alexandria is ein kleine dorp; dar wanet tomale
Sarracenen; dat fint hantwerkeslude, unde maket alto fine matten, unde
mennigerleie subtile dink. In deffeme dorpe steit ein suverlik luttik kerke;
in der kerken is ein kleine kule. Des wonet de lude, dat in der kulen
funte Johannes baptista ûtgehalet fy, unde wonet des, dat de kule were
in deme kerkenere, dar sunte Johannes inne settet wart, unde wetet des
wol eine warheit by der kettinge der steden, de dar scheidet unde deket
Egiptum unde Arabiam. Unde de Sarracenen, de dar wonen, hebben de
kulen in alto groter ere, unde kiret se mit kerken, unde luchtet se mit

berneuden lampen, unde wall vor den anderen erst de kerken unde de
tylen, wall na syner macht; unde hebben des euen vasten loven, unde it
sy besundern in der warheyt, weret dale dat se de kerken in so groter ere
nicht en hadden, unde dat se ene nacht ane licht stunde, altohant krepen
de ratten ût der erden, unde craffeden unde scharreden alle ere matten-
werk. Ok seget se, we mest ere de kerken do, dat it eme in syme
werke deste bet geit. De stede, dar nu de kerke steit, de heit wandages
Macheronta.

By Egipto de erste stat hetet Cripolis, unde licht in deme berge Li-
bant, unde is eine grevescop, de vullen gut is, unde lustelifer wen an-
dere jegene dar ummelant, alzo dat it vor anderen landen geheten is ein
paradis, unde is alzo lustik dat it nein minsche begripen kan. Der dit
lant edder grevescop vlut ein river, dat geheten is Fons Ortorum, unde
vlut dar nedder mit euer vrislifen bulderinge, alzo dat me it horet aver
eine ganze mile ruschen, unde ein minsche de darby steit, dem dunket wol
dre dage oft he dof sy. Desulve grevescop Cripolis, dar vlut der ein
ander river dat hetet Puteus Aquarum, unde entspringet dar ût einer
slichten erden, un de is even hoch ín springe, unde wert nummer kleiner.
Van dessen tween riveren Fons Ortorum unde Puteus Aquarum lest men
in den boken der geistliken leve: fons ortorum, puteus aquarum
viventium, que fluunt impetu de Libano. Nu scholle gy weten
van dem berge, de Libanus hetet, dat he vullen lank is, unde hoch, unde
reket van dem lande des lovedes wente in Cilicia, unde is vullen lustik,
unde vul aller guden dinge. Desse berch is vul waninge unde dorpe,
dar tomale cristene lude wonet, de sik holdet na latinischer wise, unde
begeret alle dage, dat de cristenc to en wolden over mer komen.

Uppe dat ik wedder kome in de ersten rede, eine andere stat is
darby, de is Baruth genomet, vullen schone unde huldeliken bewonet.
In desser stat steit ene schone kerke, gewiget in dr ere sunte Nicolaus, de
so in groter ere unde werdicheit hebben. Desse stat beterde de gude here
sunte Jurian to rechtem leven, unde dodede by der stat den draken, dar
men van lest in dem boke syner martere; unde den see des draken sut
men dar noch apenbare. To desser stat is ene mene toviucht aller pele-
grimen de to Jherusalem willen. Nicht verne van Baruth licht ene an-

dere ſtat, de Biblium hetet. Van der ſtat leſt men in den boken der koninge aldus; porro Giblii portabant ligna; unde de ſtat Biblium hete do Giblet. Nicht verne van dar is eine andere ſtat, de het Japhe, unde is huldeliken bewonet unde beſettet. Deſſe ſtadt Japhe heft twe ſchone andere ſtede under ſik; de ene het Ramatha; van dar was geboren Samuel de prophete; de andere het Aſcalona. Unde Japhe licht van Jheruſalem dre dachvart edder umme de mate, unde is eine greveſchop, unde de greve van Japhe is marſchalk des koninges van Jheruſalem, unde ein here der twier ſtede Ramatha und Aſcalona, alzo he ſcrift in ſynen breven. Nicht verne van Japhe is ene andere ſtat, de het Sydon; unde de do Sydon hete, de het nu Sayetha. By deſſer ſtat licht eine andere ſchone ſtat, de het Tirus, de nu woſte is; unde de wandages hete Tirus, de het nu Sur. Twiſchen Sydon unde Tirus, dar ſteit ene ſchone kerke in der ſtede, dar de Cananea rep to unſem heren, alzo dat evangelium tuget: egressus inde Jhesus recessit in partes Tiri et Sydonis, et ecce mulier Cananea a finibus suis, et cetera.

14. Van der ſtat Atris.

By Cipro uppe ene dachvart up deme overe des meres licht de eddele dure ſtat Atris, de wandages was ein toevlucht menliken der pilgrimen, unde anderer lude, unde licht van Jheruſalem dre dachvart. Van deſſer ſtat mot ik ein kleine ſpreken, er ik to den anderen reden kome; men wen ik denke wat de ſtat geweſen heft, ſo luſtet my bet to wenende, wen ik dar af mach ſpreken. We mochte einen ſtenen, efte ſo hart ein herte hebben, dat he de droffeniſſe der ſtat nicht bewenede? Atris, de dure werde ſtat, lach uppe deme overe des meres, unde was gemuret mit vereggeden ſtenen utermaten grot, unde was beſettet mit hogen ſtarken tornen, de ene nicht verne van deme anderen, nicht vorder wan me mit einem ſtene werpen kan; unde eine porte licht dar entwiſken twen tornen; unde de mure der ſtat was ſo dicke, dat ein wagen mit gemake deme anderen wiken mochte boven uppe der muren, dat me noch mach ſeen bet in deſſen jegenwardigen dach. Unde by der anderen ſyden was de ſtat beveſtet mit ſunderliken muren, unde mit alto depen graven, unde was gekiret mit mennigerleie wiſe, mit borſtweren unde mit homelden tinaftich gemalet. De ſtraten binnen der ſtat weren reine unde ſchone, unde alle wende der huſen weren even hoch tomale ſunder underſcheit van houwen ſtenen upgelecht, mit glaſevenſteren unde picturen, dat is mit maleden werken, wol gehiret. Unde alle de pallaſe unde de huſe der ſtat weren nicht gemalet na notroft der lude, men tomale na minſlifer bildeſchop, unde na werliker wolluſt wol gehiret, dat eine vor deme anderen na malles macht, beide binnen unde buten. Vortmer alle de ſtraten weren bedecket unde boven betogen mit ſydenem wande, unde mit anderen ſchonen lakenen vor den ſchyn der ſunnen. Unde an allen orden der ſtraten ſtunden ſtarke torne mit iſerne porten, unde mit iſerne keden wol geveſtet unde geſloten. Vortmer de eddelinge woneden bilank umme de ſtat uppe vaſten ſtarken borgen unde erliken pallaſen. Midden in der ſtat dar woneden de menen borgere, hantwerken unde kremere, unde ein jewelk wol na ſynem werke in ener ſunderliken ſtraten. Unde alle degennen, de dar woneden, de helden ſik, aljo wandages de Romere deden, vor eddelinge, aljo ſe ok weren.

To deme erſten woneden dar de koning van Jheruſalem, unde ſyne broderе, unde vele andere lude van ſynem ſlechte; vortmer de vorſten van Galilea, de vorſten van Antiochia, unde de hovetmeſter van Vrankrike, de hertoge van Ceſaria in Paleſtina, unde de here van Sur, unde de here van Tiberiadis, und de here van Sanette, und de greve van Tripolis, unde de greve van Japhe, unde de here van Baruth, unde de here van Iblim, unde de here van Pyſan, unde de here van Arſuph, unde de here van Vaus, unde de eddelinge van Blanſegarda. Aljo alle deſſe vorſten, hertogen, eddelingen unde baronen, gingen altomale in koninges wyſe dagelikes uppe de ſtraten, unde drogen guldene kronen uppe eren hoveden, unde ein jewelk helt ſik unde hirede ſik aljo ein koning wall vor dem anderen, aljo ſe koſtlikeſt konden denken, mit ridderen unde mit knapen, unde mit ſolderneren, unde mit geſinde, unde mit kledern mit ſulver unde mit golde wol gehiret; unde hantērden dach by dage ſpil, torneye, unde mennigerhande tyfkortinge mit jacht, unde mit alderhande ſelſchop, de to der ridderſchop horen mach; unde algelyk deſſe heren hadden aldermalk by ſyner borch unde by ſyme pallaſe ſyne egene vriheit. Of woneden dar de den criſtene loven helden wedder de Sarracenen, unde de hove-

mester unde de brodere der Tempelere, riddere in wapene, unde de hof-
mester unde de brodere sunte Thomas van Kantelenberge, riddere in wa-
pene, de hofmester unde de brodere van dem Dudeschen huse, riddere van
wapene. Desse gnden lude woneden tomale bynnen Akris, unde hadden
alle dat hovet des ordens dar, unde vochten mit eren soldeneren dach
unde nacht mit den Sarracenen. Vortmer woneden to Akris de rikesten
köplude, de under der sunnen wesen mochten; unde ók woneden in der
stadt rike lude van Pisa, van Jenue, unde van Lumbardia; van der twe-
dracht unde van deme orlige, dat se under sik hadden, wart de stat vor-
storet; wente se helden sik ók vor heren. Ok wonede dar volk van aller hert,
van aller sprake, de de werlt hadde, unde rike kremere; wente men dar toverde
unde brochte van der int, dat de sunne upgink, bet dat se underginck, alle
de kopenschop de men in aller werlt vinden mochte. Ok umme der eddelen
heren unde vorsten willen, de dar woneden, was dar al dat wunder, dat
men under der sunnen denken mochte. Van anderer eddelicheit der stat,
van wundere, van kirheit, dar were vele unde lank van to sprekende,
wente nein minsche dat to vullen spreken kan.

Dit is de eddele dure stat Akris, de wandages Ptolomaida geheten was,
dar Judas Machabeus mit valschem rade van eneme, de Tryphon geheten
was, gedodet is, dar men af bescreven vint in der riddere boke in Machabeo-
rum. Dit sulve is ók de stat Akris, dar de afgot Belthebuk inne was, do
Ochozias, de koning van Israel vél dorch de gadderen syner slapkameren,
unde sande synen knecht út, unde sede: ga to deme heren Belkebuke, dem
afgode to Akris, und vrage em, oft ik van desser suke genesen mochte.
Van dessen reden vindet men vele bescreven in der koninge boke.

15. Van vorstoringe der stat Akris.

Na deme male dat ik gesecht hebbe van eddelcheit, van rikedome,
unde van kirheit der stat Akris, so wil ik ók ein kleine spreken van orer
vorstoringe, alzo ik gehoret hebbe vor wár sprekende lude, de des wol ge-
dachten. Alzo ik vor gespreken hebbe, do dit was, dat dat wunder dage-
likes to Akris was, do hóf sik van des duvels rade twisken tween volken
in Lumbardia, dat weren de Gelphi unde de Gebbelini, ein swar unde
ein grót orlige, dar den cristenen jewerlde unsalde af gekomen is. Dit

orlige hadden under sik sommelike lude, de to Afris wonastich weren, unde sunderliken de van Pisa unde van Jenue, de beide vullen mechtich weren. Desse unreinen lude maleden einen vrede mit den Sarracenen, unde spreken unde laveden den Sarracenen, uppe dat se des vorulofeden orliges wegene ere stride unde unsalde in der stat desse bet voren mochten. Desse mere quemen vor den pawes Urbanum. Deme meiede dit, unde was medelidende deme hilgen lande unde den cristenen, unde sende over twolf dusent soldenere, deme hilgen lande unde der cristenheit to hulpe. Desse soldenere quemen over to Afris, unde werleden nicht vele gudes; men nacht unde dach legen se in den tavernen, unde in anderen snoden steden, unde worven nicht; wente dor sunde willen legen se dar. De lude de dar woneden, de vingen se, unde beroveden se dar uppe de origen straten, unde de pelegrimen unde koplude, und breken den vrede unde dat lovede, unde deden vele quades. Dit vorestede Melek Sapheras, de Soldan van Babilonia, de ein wys bescheidene man was, unde alles dinges wol mechtich, unde ein vrame man in wapene, unde wuste wol dat grote hesske orlich van Afris. Unde he ladede to samende synen rat in Babilonia, unde kundegede en mit groter klage, dat eme unde den synen dicke lovede were gebroken. Des sammelde he na rade der synen ein alto grot volk, unde trekede vor Afris sonder jenigerhande rede, men dorch twidracht willen, de se under sik hadden in der stat, unde how unde sorde al ere wyngarden unde grashowe, de se hadden to erer lust. Dit sach de hovemester der Tempelere, de was ein wyse man, unde ein vrame ridder, unde vruchtede den schaden der stat unde der borgere, dat grote orlige ansstan wolden; unde nam hyr rat up mit synen broderen, unde ret ut to deme Soldane in de mote, umme vrede to werwende; wente de Soldan syn sunderlike vrunt was. Unde vragede ene, wer me dat mit ichte beteren mochte in synner hulde, dat em syn lovede unde vrede broken were; unde behelt dat by deme Soldane, dat dor synner leve willen unde dorch ere des Soldanes ein jewelk minsche mit einem venediger penninge den brokenen vrede beteren mochte. Hyrmede scheidede de hovemester vrolike van danne, unde ladede dat volk meinliken to samende, unde gink in de kerken des hilgen cruces, unde sede der meinheit wodanewys dat he mit bede by dem Soldane geworven hadde, dat ein jewelk minsche synen broke mit einem venediger penninge beteren mochte; darmede schelde alle dink verfowrt wefen unde bekert. Unde fprak: „it rade wol, dat dat fche, unde gebetert werde;" unde fprak dat dor twidracht der bergere, dat der ſtat grët ſchade tokomen mochte, alſo it dar [noch na ſchach). Do de meinheit dat horde, do repen ſe tomâle mit enem munde, he were ein vorreder der ſtat, he were des dodes wert. Do de hovemeſter dat horde, do ging he ût der kerten, unde entquam nowilten dem volke, unde entbôt deme Soldane, wat eme de meinheit antworde.

Do dat de Soldan horde, unde wuſte, dat em nein man wedderſtunt dorch twidracht des volkes binnen der ſtat, do flôch he up ſyn paulun, unde richtede up foſtich bliden, unde lêt je werpen in alle halven der ſtat, unde ſtormede de ſtat vertich dage unde vertich nacht ſunder underlât mit vure unde mit ſchote. Unde lêt ſo vele ſchotes dar in ſcheten mit ſodanen dingen, dat it dar horde van einem werden riddere, de up eme torne weſen hadde, unde hadde eine glevigen an ſyner hant, de wolde he ſchoten hebben in de Sarracenen, dat de glevige van ſchotes wegen midden twen-ſpleit, êr ſe ût ſyner hant quam. Do hadde de Soldan in ſynem here vêr werve hundert duſent volkes de ſtat to ſtormende. De deleden ſik in treen hupen, alſo dat dar hundert duſent de ſtat ſtormeden; wen de denne mode weren, ſo treden andere hundert duſent to unde ſtormeden vort; unde de anderen twe hundert duſend ſtunden vor den porten rede to ſtridende. Jodoch worden der ſtat porten ne geſloten; of was ne ene ſtunde, dar nicht de Tempelere unde de anderen godes riddere ſtrideden mit den Sarracenen êns. Men der Sarracenen wor-den mêr jo ſere dagelikes. Do worden dar hundert duſent geſlagen; des anderen dages quemen dar wedder twehundert duſent. Noch en had-den ſe de ſtat ne vorleren, hadde ên deme anderen holpen. Wente alſo ſe buten der ſtat ſtrideden, ſo lêt ên dêl de anderen mit willen flân, unde vlôn binnen de ſtat. Un welke ôl ên partenie der anderen borch, noch pallas, noch ſtraten weren; men ſe leten den vigenden pallaſe, borge, ſtraten, willemodes winnen; wente ein jewelk wenede ſyne borch ſo ſtark unde ſo vaſt, dat ên der anderen borge nicht en achtede. In soda-niger twidracht ſo weredeu ſik de hovemeſter unde de broder ſunte Jo-hannes mit anderen broderen, de dar woneden, de gy vere gehoret hebben, unde ſtrideden ſunder underlât mit den Sarracenen, alſo lange dat ſe alzomer geſlagen weren. Wente de hovemeſter ſunte Johannes, unde ore brodere unde ore helpere, unde ore gesinde, werden tomåle geslagen, unde de hovemester van dem Dudeschen huse unde ere brodere tomåle to einer stunde geslagen weren.

Do dit tomåle geschên was, unde mennich strnt gewesen was, unde mennich vrome ridder to beident halven geslagen was, unde de tnt to einem ende ginf, unde ere stunden vullenkomen weren, unde de stat verloren scholde werden, do dat quam in den vertigesten dach, dat de stat belegen was, in der tnt do men scref dusent jår twehnndert jår unde twe unde negentich jår, des twelften dages na dem menmane, do wart gevangen unde gewunnen de blome, dat hovet unde de knrheit aller stede, de in dat osten belegen sint, de eddele werde dure stat Akris. Trouwen de dat herden unde vorvorscheden de guden lude, de dar in den steden, de dar ummelank belegen sint, aljo Japhe, Tirus, Sndon unde Afcalon, inne woneden, unde dar kilank, dat Akris gewunnen was, do vertêgen se alles dinges, unde vlên in Ciprum. To dem ersten de de Sarracenen wunnen, do quemen se in ein hol der de muren bn des koninges borch van Jherusalem, unde do se rume komen weren to den, de dar binnen woneden, noch en wolde ene partenie der anderen nicht helpen, men aldermall werde sik van snner egenen borch, unde van snneme pallase. Do hadden de Sarracenen vele mêr ungelndes, de stat binnen to winnende, wen se buten hadden hat; wente de stat binnen alto wol bevestet was, aljo gn wol vore horet hebben.

Men leset in der historia van der stadt Akris, wo dat se verleren was unde wart derch sunde willen der lude, de darinne woneden, dat de Sarracenen to hulpe hadden wedder de stat to stridende de vêr elemente, de lucht, water, vur unde erde. To dem ersten stridde wedder se de lucht, wente it was so duster unde so dalaftich wen men eine borch, ein pallas, unde eine straten stormede edder brande, dat men dat in der anderen straten nicht sên konde, unde ein wiste nicht ere dan man êr egene straten unde ere borch stormede unde brande. De ersten hadden mall gerne deme anderen holpen, konden se hebben to samende komen. Dat vnr stridde wedder de stat, wente se in vure vorgingen. De erde stridde wedder de stat, wente se dat blêt versöp unde verdrank. Dat water stridde ôk wedder de stat, wente it was in deme mene, aljo dar dat mer alder-

sachteſt plecht to weſende, unde degennen de to Akris woneden, ſegen vor
eren ogen, dat ſe de ſtat der erer ſunde willen vorleſen moſten, unde van du-
ſterniſſe der lucht ere vigende nicht ſên konden. Do vlên ſe to deme mere,
unde wolden in Ciprum vlên hebben, unde was nicht windes; by einer
handes wyle hêf ſik do grôt ſtorm, unde des villen ſomelike in dat water,
unde wolden ſwemmen to den ſchepen, unde vordrunken vele. Jedoch
quemen er over in Ciprum mêr wen hundert duſent.

Jk horde van ener eddelen vrowen, de dar mede weſen hadde, unde
ôk van anderen wârſprekenden luden, dat mêr wen vnf hundert eddele
vrowen unde juncfrowen, koninges kindere, do ſe ſegen dat de ſtat vor-
loren was, do gingen ſe up dat over des meres, unde drogen al ere
klenade unde ere kirheide van golde, ſulver, unde anderen duren eddelen
ſteinen, dat alto dure ſchattes wert was, in oren ſchoten, unde ſcriggeden
unde repen mit luder ſtemme, oft dat jenich ſcipman were, de nemen
wolde al ere klenade, unde keſen ût en ene to wnve, unde nemen ſe,
unde wolde ſe nakel unde blôt voren, unde bringen ſe in velige lant, dat
ſe velich mochten weſen. Do quam dar ein ſcipman, unde lêt ſe tomâle
in ein ſcip mit alle creme gude, unde brochte ſe to vorgeves over, unde
ſunder ſchaden edder ſwere in Ciprum, nnd vôr vort enwech, unde nên
man wiſte van wennen he was, edder van weme he queme, edder wor
he blêf; des welt men noch nicht an deſſen jegenwardigen dach. Vele
andere vrowen unde juncfrowen vordrunken unde worden dodet; wo grôt
ſcrigent unde wênent dar was, dar were vele af to ſeggende.

Darna do de Sarracenen in der ſtat weren, êr dat ſe ene borch na
der anderen, ein pallas na dem anderen, eine ſtraten na der anderen,
geſtormet unde gewunnen hadden binnen der ſtat, blêf alzo vele volkes
van beiden halven, dat men over de doden ginf alzo over eine brugge.
Vortmêr do de ſtat tomale binnen wunnen was, de lude dede noch binnen
der ſtat levendich weren, de vlên unde nemen eine ſtarke borch, de der
Cempelere geweſen hadde. De borch beleiden de Sarracenen alkehant;
jodoch wêrden ſik de criſtene twe gantze mânte. Des blêven dar dôt alle
de eddelinge unde de beſten van des Soldanes here, unde ſyn vull ſomêre
alle. Wente do de ſtat altomale wunnen was unde brant, nochtent wêr-
den ſe des ſtades torn to beholden, unde der Cempelere borch was ôk

beholden. Hyr wȇrden se af, degennen de dar uppe weren, den Sarracenen, dat se ût der stat nicht komen kunden, also se veren wȇrt hadden, dat se dar nicht in komen kunden. Dat vorwȇrden se so lange dat van al den Sarracenen, de binnen der stat weren, ein nicht levendich blêf, he verginge dar inne van vure edder van swerde. Do dat segen de anderen Sarracenen unde de eddelinge, dat de anderen tomâle dôt weren, unde se dat segen, dat se ût der stat nicht komen kunden, do vlên se men dorch den jef, den se gemaket hadden, unde under den groten tern, unde weneden dat se dar under doch scholden bliven, wente also lange bet se de mure dorchbreten, unde dar ût quemen. Do de Tempelere unde de anderen up der borch segen, dat se den Sarracenen nenen schaden konden dôn, noch mit vure, noch mit steinen, dor den jef willen, dar se under schuleden, don undergroven se den tern, unde leten ene vallen up den jef, unde up de anderen, de dar under weren; so blêf dar sunder underscheit al dat dar was. Do dat de anderen Sarracenen segen, de buten der stat weren, dat ere volk also quâtliken verdarf, unde alzemere altomale vergân weren, do spreken se mit valscheit unde mit bôsheit einen vrede mit den Tempeleren, unde mit den cristenen, also dat se de borch geven, unde nemen al ere gut unde ore dink, unde breken de borch; men de stat scholden se wedder buwen sunder pacht, unde scholden dar wonen mit vrede unde mit gemake, also se vor dâm hadden. Des weneden de Tempelere unde de cristen al wares, unde geven de borch, unde gingen ût, unde treden van den tornen der stat. Do de Sarracenen de borch unde de torne der stat getregen hadden, do slogen se dôt sunder underscheit alle de cristen, unde vengen se, unde vorden se vangen in Babiloniam. Also blêf do leddich Atris unde wuste, wente in desses jegenwardigen dach.

Nu scholle gy weten dat to Atris unde in anderen steden, de darby legen weren, geslagen worden unde vangen wol hundert dusent unde ses dusent volkes; nochten was dar volkes van vlên mêr wen twe hundert dusent; Sarracenen bleven dar mêr wen hundert dusent drie. Vortmêr scholle gy weten, dat de Sarracenen in belegginge der stat bleven vertich dage; in der stat, êr se de stormeden unde wunnen, weren se vestich dage; in belegginge der borch der Tempelere weren se twe mânte. Do de eddele

dure ſtat Akris verloren was, alle degennen de ût dem oſten weren de
ſochten den jammer, unde clageden alzo ere plechſede is, de den jammer
ſach, to ſcrigende up den graven der doden, to betrachtende unde to be-
ſcrigende de eddelicheit unde de ſchonheit der ſtat, unde de kirheit der
ſtat Akris wente in deſſen jegenwardigen dach. Vortmer arbeideden de
Sarracenen mennigen dach, dat ſe de borge, mure, torne, pallaſe, to
grunde verſtoret hadden, uppe dat ſe van der criſtenheit nicht wedder
buwet werden. Jodoch ſcnden ſe ne uppe eine ſtede komen, it en were
alto ſelden, dar ſe einen manſtat dép in ſonden komen; wen alzo de
kerken, muren, torne, pallaſe, ſint ein grôt dêl gebleven alzomer gans
tomâle. Alzo allent wat dar noch is, were mit lichten unde mit ſachten
dingen gut wedder to makende, altomale wen dat gode behagede. Alzo
hebbe ik juw geſecht, alzo gy wol horet hebben, wo de eddele werde ſtat
Akris van unreiner verolokeder twodracht wegen wart vorſtoret. Unde
van der tut vortmer alle de werdicheit des hilgen landes, de koninge, de
vorſten, unde de anderen heren, quemen tomale in Ciprum, alzo gy wol
vore horet hebben.

16. Van deme lande Suria.

By Akris uppe dre myle na, nicht verne van deme mere, licht ein
berch Carmel; de is rûm unde ſlicht, unde vullen ſchone, unde gekirct
mit mennigerhande krude. An deſſem berge hadde gelegen Helias, de
prophete, unde dede dar vele wunders unde tekene. In deſſen berch na
worden des propheten quam ein vur van deme hemmele, unde verbrande
den vorſten quinquagenarium, de van Ochozias, dem koninge van Israel,
ûtgeſant was. Darby is de berch, dar Helias bedede, dat dar nein
regen quam up de erden; unde unſe here god horde ſyn bet, dat it nicht
en regende binnen dreen jaren unde ſos mânten, dar men af leſt in den
boken der koninge. Uppe dem berge heſt geſtân ein ſchône kloſter; dat
was gebuwet in de ere Marien, unde de geiſtliken lude, de dar ere an-
begin nemen, de heten Carmeliten wente an deſſen jegenwardigen dach.
Nicht verne van deſſem berge Carmel hadde wandages ein ſchône ſtat ge-
legen, de was geheten Sephoria, de nu wuſte is. Van deſſer ſtat was
geboren vrowe Anne, Marien moder.

6*

So wen men vort tucht van deme berge Carmel, unde kumpt over ein water, dat él eines deles ein ambegin is der Jordanen, so kumpt men in eine stat, de het Cesarea Palestina. Desse stat is to grunde vorstoret unde verwustet. Jn desser stat was eine schone kerke, de gemaket is van eines riken mannes hůs, de Cornelius hete, dar af gesproken is in den boken der apostel. Van Cesarea Palestina tucht men vort in eine stat, de wandages erlik was unde schone; men nu is se wuste, unde is genomet Castrum Peregrini; wandages hete se Assur. Desse stat de gaf hertoge Godfrid van Bolun, de erste cristene koning van Jherusalem, den Tempeleren vor syne memorien. Van Assur tucht men vort, unde kumpt in eine stat, de het Ascalona, de noch ritelifen bewonet is. Van Ascalona tucht men vort, unde kumpt in eine alto schone stat, de het Joppe. Co der stat quam Jonas, de prophete, do he unsem heren entvlén wolde, dar men af left in synem boke. Nicht verne van Joppe licht eine schone stat, de wandages Numa geheten was, men nu het se Bael, unde licht in einer jegene, de schone unde lustich is. Unde dar wonet men pure cristene lude, wente men lovet, dat dar nene Joden noch Sarracenen wonen mogen, de lenger leven wen ein jár. Ut desser stat bringet men den wyn, den de pelegrimen unde cristene lude drinken to Jherusalem. By desser stat licht eine schone stat, de noch hute bewonet is, unde het Diospolis. Jn der stat wart sunte Jurian gemartert, unde uppe der stede steit eine schone kerke, unde in der kerken wiset men de kulen den de dar kamen.

17. Van deme lande Egiptus.

Hyr endet dat leste van Suria, unde me kumpt an eine wustenie, de is lank soven dachvart. Dar en is nenerleie kummer edder brok, ane alleine water, dat voret men dar to mit olvenden in glasene vaten, dat me dar kumpt in gude herberge to jeweller dachvart, dar Sarracenen inne wonet. So wan men dore varen heft de wustenien, so kumpt me in Egiptum, unde is ein vul lant van al deme dat ein minsche denken mach, ane wyn. Unde vele schoner stede unde borge sint in deme lande, unde nametliken dre grote stede, also Nye Babilonia, Carra, Alexandria. Unde gy scholet weten, dat Nye Babilonia unde Carra licht nicht vorder entwey, wen twe armbostschote verne, Nye Babilonia up deme overe des Nilus, unde Carra licht ein kleine dar van, unde is groter wen Babilonia. In der stad wanede wandages Pharao, do he vervolgede de Hebrees. Vortmer hebbe ik horen seggen van köplüden, dat Carra wol soven werve groter is wen Paris.

18. Van deme Balsemgarden.

Vortmer by Carra in der wustenie des landes Suria is de balsemgarde; de is binnen also lank, also men mit einem steine half over werpen kan, unde is nicht sere muret. In deme garden sint vnf borne, de de balsemrns vuchtet, unde jewelk rys edder lode heft 'eren sunderliken hoder, de se waret mit grotem vlite, also synes sulves levent, unde reiniget se, unde malet se schone. Unde desse balseme wasset nicht twier ellen hoch, unde heft lovere also klever. So wen den tokumpt de Kalende des marces, unde de tnt hergeit, dat de ruseken ripen, so nimpt men erer war, unde hodet se mit grotem vlite, unde besnidet de loden unde de rys also einen wynstock, unde bewindet se mit bomwullen; so druppet de balsem üt den wunden des ruses, also water druppet ute dem besneden wynstocke, in de bomwullen, wen de wunden des ruses umme bebunden sint. Unde under jewelker wunden des ruses hanget ein sulveren veteken, dar de balsem der de bomwullen in druppet. Unde sunderliken in der tyt des jares is de Soldan van Babilonia sulven dar stedes, unde waret denne mit vlite also dat nenem man up ertryke en drope nicht werden kan, wen em sulven. Wen also dar denne komen van verne landes boden unde legaten der koninge unde der vorsten van den landen, so sendet he mallem ein kleine glesseken; so dunket em denne, dat he em ene grote ere unde klenade dar ane gesant hebbe. Darna also de gude balsem ütgevloten is, so komen de huderere des balsemen, unde snidet af dat overste van den rysen, unde sedet dat in water; so sedet de balsem, de boven in den rysen is, üt, also smolt, unde vlut boven nppe deme watere also olie, unde de is denne der hudere. So nemet se en dar boven af, unde dôn en in ên vat, unde laten dat stân eine wyle; idt wesen dat de sodene balsem nicht also gut sy edder so eddele also de vloten balsem is; wente desse balsem, de aldus van naturen vloten is, dat is dat eddelste klenade dat de werlt heft. Darumme so hebbet de olden vedere geboden, dat me

balſem mengen ſchal to deme hilgen crefame, unde wellerhande vlede van
reēm vleſche me reret mit balſeme, dat en vulet nicht unde vorgeit nicht.
Ot wenne de balſem verſch ût deme ruſe druppet, dat des ein drope
einem minſchen in de hant druppede, de ginge em al der de hant, unde
ſwerede em al to der anderen ſiden ut. Over de des balſemes neme ver
dropen edder vyve, unde dede einem minſchen in de ogen, de em lichte
van oldere efte van drowicheit verduſteren wolden, de bleven ewichliten
in deme puncte, dar ſe ane weren, alſo men den balſemen dar in deit;
de werdet nummer erger edder beter. Vortmer de ſodene balſem is vullen
gut, unde kumpt ôt vele in den hilgen creſam, unde is gut oft ein minſche
geſêret were inwendich van vallende.

Tu ſcholle gy weten, dat den balſemgarden nein man buwen mach,
he en ſy ein criſtene man, unde ſo wen andere lude ene buwen, he vor-
derve, unde dorre, unde vergâ; dat is diſſe verſocht, unde is in der
warheit bevunden. Dat is des ſchult, wente do unſe leve vrowe mit
erem leven kinde Jheſu vlo in Egipten, dor angeſtes willen Herodis, do
wônde ſe up der ſteden, dar nu de balſemgarde is. Dar wuſch Maria
ere laſene unde ere klederre ane, unde badede ere leve kint Jheſum dar
ane. Darumme heft men ganhen loven, dat in der ſtede de balſem waſſe,
wente men des anders nergen vreſchen kan dar he waſſe. Van allen an-
deren degeden unde van eddelcheit des balſemen, dar were wol vele af to
ſprelen. By der tyt do ik dar in deme lande was, do weren mit my
de den garden warden; de ene heit van Cwarkeborch, dat is ein bercht
by Erforde; de andere hete Nicolaus, unde hadde ein oge, unde was ein
gut minſche den criſtenen, unde hadde vangen weſet to Altris mit anderen
vangenen. Men de Soldan lêt ene vrig der ſyner bederfheit willen, unde
bevôl eme den balſemgarden to bewarende.

19. Van Nigen Babilonia.

Tu ſcholle gy weten, dat by myner tyt to Nigen Babilonia unde to
Carra gevangen weren wol vêr duſent criſtene, behalven de kindere. De
hebbet dar patriarchen, preſtere unde predekere, unde hebbet dar vele
ſchones hilgedomes, dar ſe ſunderliken hebbet ſunte Barbaren licham al

gans; dar by mynner tyt vele biddendes umme was van koningen unde
van vorsten, men de Soldan den cristenen vangenen let to troste. Unde
de sulven cristene, de dar vangen sint, de begân sunte Barbaren avent
mit groter blitlicheit unde vroude, so wy hyr sunte Mertens avent dôn,
unde de ene sendet deme anderen allerhande krude. Vortmer by Nigen
Babilonia, over dat water Nilus, jegen der wustenie Egipti, stât vullen
vele grote grave, dar hyrvormals lude hebben begraven wesen, unde wan-
dages schöne unde erlik gewesen hebben, van houwen stenen gematet.
Under den allen stât twe vullen grote, de hyrvormals vullen schöne wefet
hebben. In eme grave stât bôkstave, up einer want latinsche, up der an-
deren grekesche, up der drudden hebreysche, up der vêrden vele screven
unde ingehouwen, dar nein man nicht en weit wat it is. Men in der
ersten want stunden to latine gescreven, alzo verne alzo men dat under-
scheiden konde van olders wegen, desse versche de hyr na volgen:

    Vidi pyramides sine te, dulcissime frater,
    Et tibi quod potui lacrimas hic moesta profudi,
    Et nostri memorem luctus hanc sculpo querelam.
    Scit nomen Decimi Anni pyramidis alta,
    Pontificis, comitisque tuis, Trajane, triumphis,
    Lustra ser intra censoris consulis esse.

Desse versch dude ein wys man, de se verstât; ik vernam er nicht. Desse
grave, de hetet de lude, de dar wonet, Pharaonis schunen. Unde vele
anders wunders mach men dar sên in Babilonia, unde dar ummelank.
Unde alzo ik dar hort hebbe van waraftigen luden, de dar henne wande-
ren, sint van Nigen Babilonia wente to Olden Babilonia, dar de hoge
torn Babel was, sos unde druttich dachvart edder umme de mate, unde
licht in Caldea by Baldach.

20. Van deme berge Synai.

Nu vortmer dat ik wedder kome in de ersten rede, so wen men tüt
van Babilonia, so kumpt men in twolf dagen to deme berge Synai. Des
wandert me sos dage dar it gut is, unde sos dage der de wustenie.
Unde degennen, de des weges ûtgât, de moten by nôt mit sik voren mit

olvenden unde mit mulen al ere spise van etende unde drinkende, unde
sunderliken moten se mit sil veren matten, dar se des nachtes uppe rowen.
Men dat scholle gn weten, dat de olvende, de dar dageliles den wech ût-
gân, de weten dar bn eme puncte wol de dachreise, de ene boret to gânde.
Unde also se des avendes komen to der herberge, so achtert se sik unde
legget sik up de erden, unde gât einen vöt nicht vort, unde bewiset darbn,
dat se in rechten wegen sint, unde ore dachreise gearbeidet hebben, unde
dar eine bequeme stede sn to rowende. Unde so vodert me den de olvende
mit brode unde mit dnstele, unde mit sulken dingen; wente ein olvent
het lichte nôch, unde drinket binnen dre dagen kume êns.

So wen men kumpt der de wustenie, so kumpt men to dem roden
mere; unde gn schollen weten, dat dat water nicht rôt is; men syn grunt
unde dat ertrife ummelant is rôt; darumme let it boven oft it rôt sy.
Dit rode mer is belegen in Arabia, unde al dat lant is van naturen rôt.
Darumme vint men dat alderbeste golt dar, dat de werlt heft. Dit rode
mer is nicht grôt, unde nicht lank unde brêt, unde is drehornet schapen;
unde in der stede, dar de kindere van Israel over voren, is it nicht vêr
mile breit edder vnoe. So wen men denne sên hest Marach, unde men-
nigerhande dink, so kumpt men in Helim, dar in der overvart der kindere
van Israel weren soventich palmen, unde twolf waterborne. Dat is eine
schone stede unde lustich. In desser stede mach men sên vele stede unde
klufe, unde einsêdelere woninge stân, dar wandages hilge lude wonet
hebben.

So wen men schedet van Helim, so kumpt me in de wustenie to dem
berge Synai. In deme vote des berges, in der stede dar Moyses sach
den busch entfenget unde unvorbrant van pures vlamme, unde horde dat
god to em sprak ût dem busche, dar is gebuwet ein schone munster, mit
blige wol gededet, unde mit iserne porten wol gesloten, und wol sorneret.
Overal in deme munster sint mêr wen vêr hundert brodere geistliker lude,
de Greken syn, unde Georgianer unde Araber, papen unde juristen, unde
beret in al oreme donde sunte Antonius levent, unde dêt ere gadesdênst
na orer wise innichliken, unde sint hôrsam van rechter ôtmodicheit erem
erhebiscope unde eren prelaten, unde levet in einem rechten geistliken le-
vende. In dessem munstere, dar ik af gesecht hebbe, steit ein vul schone

kerke; de is inwendich reine bewaret unde schone, unde beluchtet mit mengerhande lampen unde mit kerken, unde dat overste altar hebbet se mit groter ere, unde gât dar barvôt in der kerken. Pelegrimen, de dar in willen, de moten sik ûtschoigen; wente in der stede, dar dat overste altar steit, dar stunt de bernende busch, den Moyses sach, dar em unse here tosprak, unde sede: „lose de scho van dynen voten; de stede, dar du uppe steist, de is hillich." In desser kerken, to der vorderen hant by deme oversten altare up einem hoge, dar steit ein lade van witten marmelen steine. In der laden is dat bênte sunte Katherinen, nicht geordineret, men ein mank de andern geleget unde besloten, dat dar gekomen is van der hogede des berges Synai. Dat hovet unde dat bênte der guden sunte Katherinen, dat toget de erzebischop mit anderen luden unde prelaten des munsters mit groten eren, unde mit oreme gesinde, de darto denet mit wirole unde mit kerken. Unde so wen dat is, so komen de Sarracenen, de de olvende drivet, unde hovet unde waret, de mit anderen pelegrimen dar sint, unde biddet mit groter innicheit, dat se dat grote hilgedom sên moten, unde vallet up ore kne so wen men ene dat hovet wiset unde toget. Is den under den pelegrimen ein bischop edder ein grôt prelate, so kumpt de erzebischop edder de overste prelate des stichtes, unde nimt dat hilge bênte in syne hant, unde hest denne ein instrumente van sulver, dat darto gemaket is. Mit deme instrumente crasset he dat bênte; so vlut ute deme bênte likerwys oft it einem minschen ût synen leden vlote. Unde in der laden, dar dat bênte ane licht, dar is neddene ene kule in der laden in eneme ende, dar al de olje, de ût dem bênte vlut, in druppet unde sik sammelt. In der kulen is ein sulveren lepel; den nimt de here, de dat hilgedom toget, unde vullet kleine glaseken mit dem olje, unde gift jewellem pelegrimen ein glaseken vul. In dessem munster is noch alto vele schones hilgedomes.

Desse monneke de dar wonet, were dat nicht ene sunderlike gnade van gode, de kunden sik dar dorch mennigerhande sake unde des duvels spot nenerleiewys beholden. Wente nenerhande hat is under en, unde sint in hulden al dergennen de se ansên, dat syn heidene edder cristene, unde sunderliken des Soldanes, de en syne almissen grotliken to gevende plecht. Sunderliken hebben se ôk de gnade van gode, dat nenerhande vunlendich

dêr edder worm, alzo vlegen edder wispen, edder sodanich ding, in deme
munstere nich wesen mach. Ot is dat dicke beschit, dat men de warheit
weten wolde, unde drôch in dat klofter sodanige levendige dêr edder wor-
mete; it were tohant dôt. Dit hebben de geiftliken lude by unfem heren
gode vorworven unde behalden. Wente se denet den pelegrimen mit
grotem vlite, nicht dorch gave, noch dorch giricheit willen. Wente alle de-
gennen, de dar komen, unde bliven willen, it fy de lutte edder de grote,
de arme ofte de rike, deme geven se mit grotem vlite umme godes willen
allent dat fe hebben. Vortmêr den pelegrimen, de van dannen scheiden
unde wech willet, den geven se einem jewelken na syner dachvart brêt
unde bonen; jenigerhande ding geven se riken unde armen, groten unde
kleinen, alzo vele dat se komen dar lude syn, lefliken dorch god. Deffe
monneke boven alle hochtide, de binnen deme jare komen, so hebbet se
funte Gregorius in funderliker werdicheit. Wente by der tut, do de
pawes was, vodede he se alleine mit syme schatte des stoles to Rome,
unde starkede se, unde helt se dar to wonende, unde van der tyt sint erer
wol vêr hundert bleven, deren to der tyt nicht vele was.

Boven deffem klofter licht de berch Synai, den men mit so vele trep-
pen, alzo it nicht sprelen dor, mit swareme arbeide upgeit. In deffer
hoge des berges steit eine capelle in der stede, dar unse here god Helyase
tosprak, unde sede: wat deiftu hyr inne? dar men af left in der koninge
boke. By der kapelle steit eine andere capelle in der stede, dar Moyfi de
ee geven wart, dar sil apenbarde de gnade unde de ere unses heren.
Dar süt men noch huten des eine kulen in dem harden steine, dar
Mosses bilde ingedrucket wart alzo in ein ingesegel. In der kule bedek-
kede unse here god Moyses mit syner vorderen hant, do he in der ere
syner walt edder syner ôtmodicheit henne vor ginc, und sil unse here
Moysi wisede to rugge, unde he in syn antlat nicht seen konde. In der
hoge des anderen berges, de noch hoger is, de darby belegen is over
einem depen dal, dar wart de licham funte Katherinen voret van Alexan-
dria van den hilgen engelen, unde wart dar gevunden mit wunderliker
wise van einem enfedelinge, de dar wanede. Den sulven berch stikt men
up mit groteme arbeide. Up deme berge steit nên bedekhús, nên capelle,
nên woninge, unde ik hebbe des geloven, dat me dar nên timmer up

bringen kan, wente me dar sunder also swar arbeit nicht tokomen kan. Men de stede süt me, dar sunte Katharine gelegen hadde, unde ere licham gevunden wart, rechte alzo ein minsche de mit den schulderen in enen sten gedrucket sy. De stede is gemaket unde bedecket mit stenen. In der stede heft god so vele wunder unde teken gewerket, dat dar lang unde vele were van to seggende. Unde dat scholle gy weten, dat de berch Synai mit hoge geit over alle de berge, de dar in deme lande sint. Wente alzo alze ik gesproken hebbe, also swarliken mot me den berch up stigen mit groteme arbeide mit so vele treppen ut deme steine gehowen, dat nen minsche dat vul spreken kan. Unde sodane berch jegen Egiptum vorluft synen namen, unde hetet denne mer Oreb. So we de steit boven up deme berge, de süt dat rode mer unde Helim, unde de stede dar den kinderen van Israel dat manna regende, unde de stede dar umme. Under deme berge is ein schöne plan, dar Moyses synes swagers schäp hode, unde in dem plane sach he den busch entfenget. In deme sulven plane vorterede dat vür Nadap unde Pabiu. In deme sulven plane makeden de kindere van Israel ein kalf. Ok mach men dar sen vele andere stede, dar de hilge schrift af spreket.

21. Van der wustenie in Arabia.

Van deme berge Synai geit men vort dor de wustenie hen jegen Suriam drutteln dachvart, dar en man up gespiset wert mit koste ut dessem vorspreken munstere. Desse wustenie is vullen quât, unde is briegen in Arabia, unde alle de vorde sint wuste. Unde desse wustenie is altomale in Arabia, unde is also grôt kummer waters unde untalk volkes. Unde dar inne wonen enerhande volk, de hetet Badewini, unde sint alzo woltlude, unde varet ummer vort mit dusenden unde mit hunderden, unde ligget under paulunen, de sint gemaket van ville unde van huden, unde wonet mit ereme quele, unde mit den deren de in der wustenie sint. Unde in sommelken steden, dar vinden se underwilen ein luttik waters in bornen oste riveren; dar hodet se ere quik unde ere vee; unde erer elvende mell, unde anderer dere, dar levet se af. Selden edder nummer bitet se des brodes einen beten, it en sy dat it en de pelegrimen geven, edder anderswor van aventuren werde, edder it wert en togebracht over twolf dachvart. Desse Badewini, se seget nicht, se meget nicht, men se levet also ein wilt dêr; unde se sint swart unde gruwelik an deme antlate, mit groten langen berden, unde vrislik unde snel. Unde se ridet dêr, de hetet dromedarii, unde vullenvaret by eime dage so vele weges also se wilt; unde se solet stede unde jegene, dar se water vindet, unde hebben ore hovede bewunden mit einem langen linen doke vor de hitte der sunnen, unde hebben bogen unde schot. In desser wustenie kumpt me kume binnen twen dagen, edder binnen dreen, dar men water vindet; unde dar men des enes dages wat vint, dar vindet men des anderen dages altos nicht.

In desser sulven wustenie is it evene unde slicht. By ener wyle is dar ein start berch van sande to samende worpen unde vorsammelt, nu hyr, nu dar, unde blift nicht in einem puncte. Darumme kan nên man dor de wustenie ramen; men de Badewini wetet al de wege so wol also ein man van synem dore to syme herde. Desse Badewini achten nicht des Soldanes, unde sint em nicht horsam. Men ore riddere unde ere hovetman hebbet se under sik, de ôl wol van vêrne landes syn; den sint se horsam mit rechter ôtmodicheit. Desse Badewini holt de Soldan mit groter list, unde vrundet se sik mit groter gave, unde waret se, unde hebbet se an groter vruntscop. Wente wolden se it dôn, mit lutken dingen vorstôrden se wol, unde bedwungen wol al des Soldans lant. Dor desse wustenie vôr Maria mit creme leven kinde Jhesu, unde vlô vor Herodese ût deffen landen in Egiptum. Unde over alle den wech, dar Maria don henne vôr, des hebben de lude loven, dat dar waffen de soren rosen, de wy hyr to lande heten de rosen van Jericho. De rosen bricket de Badewini, unde sammelt unde vorkopet se den pelegrimen umme brôt. Desse sulven rosen hebbet de heidenschen vrowen gerne by sik wen se enes kindes an arbeit gân; so legget se de rosen in water, unde drinken dar af so wen de bort hêr geit, unde segget dat de rosen alto nutte syn unde bederlik vrowen de kinder dregen. In desser wustenie is vele andere unbequemicheit unde schade van winde unde van sande, van wormen, van slangen, van louwen, van draken, unde van anderen dêrten dat vorgistlik unde schedelik is, darvan vele were to spreken.

22. Van Ebron unde van Betlehem.

So wan men dor de wuſtenie jegen dat ſudene komen is, ſo kumpt me in dat anbegin des hilgen landes, dat Terra Promiſſionis geheten is in latine, unde kumpt to einer ſtat, de wandages vullen ſchone weſen heſt, men nu is wuſte, unde hetet Barſabee. Van der ſtat Barſabee tũt men vort, unde kumpt in einem halven dage to einer ſchonen ſtat, geheten Ebron. By der ſtat, alſo men den berch nedder geit, dar is ene ſchone kerke; in der kerken is eine twevoldige kule, dar inne de dre patriarchen liggen, Abraham, Iſaac unde Iacob, unde ere wyf. De kerken hebben de Sarracenen in ſo groter ere, unde ſe ſteden dar nenen criſten in to gānde. De Ioden vorwerven dat mit penningen by myner tyt, dat ſe dar wol muſten in gān. Iodoch moten de criſtene de kerken wol beſeen, beide binnen unde buten, unde is ſuverliken wit gemaket, unde wol gekiret mit lampen unde mit lichten. In der kulen, dar de patriarchen inne ligget, dar geit me nedder mit treppen, alzo in einen keller. By Ebron is de acker, dar Adam van gemaket wart, ſo me ſecht; jo me des veldes mēr upgraft unde mēr wech drecht, jo it ſerer unde mēr vorvullet wert van ſik ſulven. Sommelke lude ſegget, men vorkope dat ertrike; wat des is, des weit ik nicht. By Ebron is ein dal, de het to latine Vallis Mambre, dar her Abraham ſat vor der doren des tabernakels, unde ſach dre kinder den wech nedder gān, unde bedede an einen, alzo ſcreven ſteit in Geneſi: tres vidit et unum adoravit.

Van Ebron wandert me vort, unde kumpt mit gemake to Betlehem binnen einem dage; in deme wege ſtunt ein kloſter; dat is verſtoret van den Sarracenen. Dit is eine ſchone luſtlike ſtat, unde is nicht lank, unde licht up eme halſe des berges, unde ſint alzomer criſtene lude, de in der ſtat wonen, unde heft weide unde krudes genōch, unde is ummelank wol geveſtet mit depen dalen. Dar ſo ſammelden de koninge van Iheruſalem unde de criſten ore volk in der ſtat. De guden lude, de dar wonet, hebben wynes genōch, unde anders gudes. To Betlehem ſteit eine ſchone kerke wol gemuret mit tornen, mit blyge wol gededet, unde mit gemaldem werke, mit fynem ſtente, mit mormelen ſtenen, wol gekiret, unde mit golde bet wen jenich kerke under der ſunnen, alzo ik love, unde in allen

ſtnden overal riteliſ, eddeliſ, keiſerliſ, alzo it ore voge, wol gebuwet, unde heft an ſiſ wol ſoventich vnlre, ſchone unde grôt van eddelen mor-
melen ſtenen. Unde heft ein welfte mit eddelem holte van ſedewer bowen; mit ſparen unde mit breden is ſe under dem daſe vodert, unde de wende ſint under den glaſen vorguldet mit gemalden werke alſo eddeliken, wun-
derliken, kunſtliken. Er der tyt, do iſ dar quam, do wolden de Sarra-
cenen ſommelike mormelen ſtene dar ût genomen hebben; men ſe worden dar ſo ſere vorvêrt, dat ſe de ſulen ſtân leten, unde derſten ſiſ ſodder ne des underwinden.

In deſſer kerken geit men vor deme kore nedder ene treppen in eine ſtênen kule; de is nicht ût gehowen, men van naturen is ſe hol. In der kule to richte under deme overſten altare is de ſtede, dar unſe herre god dor unſer willen wolde boren werden van der juncvrowen, ſyner reinen moder maget Marien. In der ſtede ſteit ein altar, unde nicht verne van deme altare dar ſteit de krubbe, dar de benedigede maget Maria ere leve kint Jheſum inlede, in doken bewunden, wâr god unde wâr minſche, de in minſchliker krankheit wênede alzo ein kint. By der krubben ſüt men noch iſerne ringe unde haken mit blnge in den ſtein gegâten, dar de hûs-
lude ore vee edder ore quek anne to bindende plegen, wen ſe to markede quemen. De krubbe is van ſteine unde vêr ſpenne lauſ, alzo dar ein ſede. In der kulen licht ſunte Jeronymus begraven. Of in der hilgen nacht der bort unſes heren, dat is to winachten, ſo kamen dar to hope al de nationes, de under der ſunnen ſint, dat dar volk unmogelik is. Unde eine jewelke natio heft ere ſunderliken ſtede in der kerken, maſſ na ſyner wyſe godesdênſt to dunde, dat eneme jewelken beſchêrt is. De La-
tinſchen hebben denne de ſtede, dar god geboren wart. By myner tyt do hadden de Nubiani nene ſtede; den lêt de Soldan eine ſunderlike ca-
pellen buwen. Vor deſſer kerken ſteit ein ander munſter, dar ſunte Jero-
nymus unde ſunte Paula, de diſcipel, was, unde vele andere lude, de dar gewonet hadden, unde dor de gnade godes leſen unde wunder begingen. Aver to Betlehem is eine capelle under der erden, de heft twe dore ge-
hat, in einer rodien; dar ſchulede Maria mit orem leven kinde dre dage dor anxſtes willen Herodis, unde ſogede ore kint in der kulen. It ſchach van eventure unde van anxſtes wegen, dat Marien ore melt endrop unde

— 55 —

vil up einen stēn. De melk is noch hute an dessen dach alzo alze se den was, unde vorgeit nicht, men se spret ût deme stene alzo vuchticheit, unde heft welkvare varwe mit enem rodigen gemenget; jo men êr mêr af schavet, jo êr mêr wedder wert, unde blift in der sulven grote, nicht groter, nicht minner, den de gewesct heft. Dit is de melk, de men in mennigen steden toget unde wiset, wente se van den pelegrimen wert gebrocht hyr unde dar.

Aver by Betlehem in einer rodlen is ein grôt kule, dar veler hilger lude gebênte in geworpen sint. Up eine halve myle jegen Sodoma unde Gomorra is de stede, dar de engel den herden de bodeschop kundigeden, do god minsche geboren was. Ju de stede is gebuwet eine schone kerke, de is geheten Gloria in excelsis deo, dat to der stunt de hilgen engel sungen. Darumme begât se in der kerken, unde êt to Betlehem, alle ere tyde unde êt ere hochtyde, mit: Gloria in excelsis deo. Dit is Betlehem, de overste godes stat, dar de koning her David ût geboren was. Dit is Betlehem Jude, wente Betlehem licht vormiddelst in Jodeschem lande; dar umme hêt alle dat lant dar ummelank Juda, dat nu hêt Suria.

23. Van Jherusalem.

Van Betlehem wandert men vort to Jherusalem, unde sint dre kleine myle weges, alzo dar in deme lande myle hetet, dar entussen. Dit is de hilge stat Jherusalem, dar des minschen losinge ane schach, unde is belegen up enem berge in guder lucht, unde uppe de norderen syden mit tornen, unde mit muren, unde mit tinnen wol gekiret, unde jegen dat osten licht de dal Josaphat. Jegen dat suden unde jegen dat westen is se wol gevestet mit anderen dalen. Men binnen der stat hebbet se luttik waters, unde ere sisternen unde punte werden vul waters van den riveren de dar dale vallen van Ebron, unde geleidet werden mit ronnen onder der erden, alzo men dar by wegelank wol sên mach. Desse eddele stat is nicht alto grôt, noch alto kleine, noch alto kort, noch alto wyt, men in allenthalven wol to mate unde wol gebuwet, unde is van der stede, dar se stunt by der tyt der mertere Christi up dat osten, in de ere der stede Calvarie ein kleine af gesettet, na der tyt dat Citus unde Vespasianus wunnen unde vorstorden Jherusalem. To Jherusalem steit de tempel unses heren unde de tempel Salomonis. De twe tempel bekummert wol dat meiste van der stat alleine. In den tempel Salomonis laten de Sarracenen nenen minschen ingân. De tempel unses heren is sennewolt na der grekeschen wyse gemaket, unde en is nicht alto hoch, noch alto wyt, unde is mit blyge gedecket, unde is gebuwet mit guden howen stenen. Unde vor an den tempel hebben de Sarracenen laten setten na erer wise der mane wandelinge. By deme tempel to der vorderen hant is ein langelaftlich kerke mit blyge wol gedecket, unde het Porticus Salomonis. Den tempel unses heren hebben de Sarracenen in alto groter ere, vnde gât darto barvôt in sunder underscheit, unde waret ene schone unde reine, unde se en hetet it nich den tempel, men de hilge rodien, dor einer kleinen rodien willen, de dar midden in dem tempel is. De is mit iserne gadderen ummeher besettet, unde se dôt êr alto grote ere, wente dar god van hemmelrike vele wunders gewerket heft, alzo men lest in der bibilen, in dem olden testamente, unde ôk dat nige.

Dat erste, dat in der rodien schach, dat was dat her Melchisedech, de erste prester, dar offerde wyn unde brôt. Dat ander, dat her Jacob de patriarche entslêp by der rodien, unde sach de ere unde gnade gades, unde sach up der rodien stân ledderen, de ere hogede resende weren an den himmel, unde sach de engele godes up unde af stigen. Dat drudde, dat David up der rodien sach einen engel stân, de ein blodich swert in syner hant drôch, in ein teken dat de plage des volkes entstân was. Uppe desse rodien plegen de prestere ore offer to bringende, de dicke ein vur verstêrede van dem hemmel. Unde in desser rodien beslôt Jeremias mit wunder de arke des vorbundes in der overvart Babilonis, unde sprak: non manifestabitur locus hic donec dominus propitius erit populo suo; dat spreket: desse stede schal nicht apenbar werden êr dat god synem volke wil gnedich syn. Dar wenet me noch, dat se hute in dessen dach sy. Up desser rodien wart Christus presenteret na syner kintheit, do ene Maria to derme tempel brochte, unde ene entvink her Simeon up syne armen. Up desser rodien was dat kint Jhesus, do it twelf jâr olt was, unde it syne olderen vorloren hadden.

Dat templum godes, alzo men lest, dat hadde gebuwet koning Salomon up ene Jegene, de was geheten Area Ornan; lât wesen dat it dicke unde vaste gebroken is unde vorstoret, nochten wart it up de sulven stede, unde in der sulven scippenisse, unde mit den sulven stenen wedder upgebuwet. Deffen tempel heft god êk mennichvoldiger wys geeret. Van desseme tempele sach koning Salomon einen rôk ûtgân, unde de ere godes dar boven wonende. In desseme tempele bleide her Josephe de rode. In desseme tempele wart de werde maget Maria presenteret, unde na erem lovede ingeoffert. In desseme tempel wart Christus presenteret, unde up den versten van dem geste geovret, unde van dem vigende beloret. Dit was de tempel dar god ût drêf degennen, de kopen unde vorkopen, alzo men left in deme evangelio. Deffen tempel heft god mit syner werden jegenwardicheit sulven hilget unde gewigget, unde heft in deme sulven tempel in unser minschliken krankheit geleden vele unde mennige smaheit. In deffem tempel wart de lutke sunte Jacob geworpen van einem stole, de hoch was alzo ein predikstôl, unde lêt dar syne mertere. By deffem tempele to der luchteren hant is de olde guldene porte, dar Christus in quam in deme palmedage. Ein schone processio stunt dar des morgens êr de sunne upging van cristene luden an, unde up der porten singet de kindere: gloria. in excelsis deo, gloria laus et honor deo. So kumpt de erkebiscop van Armenia in to der porten up eneme ezele; den entfanget de kindere unde de mênheit vor der porten likerwys alze Christus van den Joden im palmedage entvangen wart. Vortmêr vor deme tempel up de norderen syden is eine kerke, dar de werde maget Maria geboren wart, unde up der sulven syden is ein hol in der erden, dar Joachim unde vrowe Anna, Marien olderen, begraven sint. Vor der kerken is Probatica Piscina, de dar hadde vyf portiken, dar kranke lude gesunt worden, wen de hilge engel dat water roret hadde, alzo dat evangelium getuget.

Van dem tempel unses heren nicht verne uppe dat suden binnen der stat is de berch Sion, (unde is ein luttil hoger wen de stat. Dar was wandages buwet ein vullen schone munster, in de ere Marien gewigget. Darsulvest quam unse here na syner upstandinge to den jungeren by beslotener dore). In der sulven stede lêt he sik anderwerve sunte Thomas sên, do he noch twivelsam was. Dit is de stede, dar unse leve vrowe unde de jungeren unses heren tosamende seten in beslotener dore, dor anrstes willen der Joden, unde entvengen dar in deme hilgen pinrtedage den hilgen geist. In desser stede wart öf sunte Mathias to apostel koren. In desser stede wonede ök Maria ewelifen na der mertere, unde in desser stede scheidede Maria van desser sundigen werlt, unde gaf dar up eren benediggeden geist, unde dar quemen tosamende alle de hilgen apostele unses heren. In desser stede was öf begraven de gude sunte Stephanus, unde Nicodemus unde Abilon. Unde öf in desser stede weren begraven David unde Salomon, unde andere koninge van Juda, dar me noch ere grave sen mach in dessem jegenwardigen dach. In dessem munster sint nu barvote monnike, de by ynner tyt vulle neringe hadden. De brodere döt dar godesdenst mit innicheit, sunder se en predeken nicht. In deme orte des berges licht eine erlike borch; des menet me, dat de borch stan hebbe van Davides tyden wente her. Vortmer sint to Jherusalem vele secten, dede heretici in der hilgen scrift geheten sint, de ere secten hebben na erem levende, unde vele andere bedehuse unde hilger stede.

24. Van der stede Calvarie.

Vortmer uppe deme berge Calvarie is dat graf unses heren Jhesu Christi. Dar is eine schone herlike kerke gebuwet van mormelen stene, unde mit schonem gemaleden werke; unde is vullen ilf deme dome to Munster in Westvalen, unde sunderliken deme kore in desser kerken. By deme kore in dat suden is de berch Calvarie, dar unse here gecruciget wart. Desse berch is ein vullen hart rodie, unde under deme berge is eine capelle (der Nubiani. Vortmer uppe deme berge Calvarie is ein ander capelle; dar) sint begraven de eddelen vorsten, hertoge Godfrid van Bollun unde her Baldewin, syn broder, de de ersten cristene vorsten weren van Jherusalem, de dat hilge lant mit groteme arbeide wunnen. Vortmer desse vorsprokene heren setteden by orer tyt, dat nein koning van Jherusalem schal guldene cronen dragen, men eine dornecronen; dat hebben ere nakomelinge geholden wente an dessen dach. In desser stede Calvarie, wen dar cristene lude sint, so lest men alle dage de passien. By deme berge Calvarie, dar nu dat gerehus is, dat is de stede, dar Maria, godes moder, und Johannes Evangelista, unde de anderen vrowen, de unsem heren volget weren, stunden, unde in der sulven stede bevöl unse here sunte Johannese sone moder, unde sprak: Mulier, ecce filius tuus! dat spreket: wnf, hyr is dyn sone. Vor der kercdor jegen dat suden dar licht ein swart stein, unde is de stede, dar se den licham unses heren leden, do se one van deme cruce nemen, unde in ein laken wunden.

Vor deme kore uppe dat westene dar steit ein cleine twevolde capelle; van der ersten capellen geit men dor eine lutke sndeldore in de anderen capellen, dar dat graf unses heren inne is. Desse capelle is gewelvet also ein half cirkel, unde en heft nene venster; dar is inne dat graf unses heren. De lenge des graves is by negen spannen, de brede van soven spannen, de hoge by twelf spannen. Dat graf unses heren is ût einem ganzen steine gehowen; uppe dat it unbevledet blive, unde unverdragen van den pelegrimen, so is it mit witten mormelen stene umme besettet; unde dor den stein, de to den syden is gesettet, sint dre gate gemaket; dor de gate luffet men uppe den rechten stein unde dat graf unses heren. Unde de sten, dar dat graf also mede besettet is, io so behende to dem grave veget, dat nein minsche des welt; men en dunket wol, dat it ein stein sy. Darumme hebbe ik des wol loven, dat nene kerke in alle der werlt sy, dede van deme rechten steine des graves unses heren hebbe. Wente boven alle wetet, dar is grote hode by; wente mochte me dat graf unses heren vertreden edder vordregen in so kleinen studen also ein sandeskorne, it were over mennigem dage vordregen, hadde des ein grôt berch gewesen. Vortmêr van lampen unde van lichten, dat men secht dat by deme hilgen grave sy, dat is nicht. Jk spreke, dat dar noch lampen, noch licht, en is by deme hilgen grave; men in der kerken des hilgen graves sint olde geistlike lude, de Georgiani hetet, de hebbet den slotel des hilgen graves; den gevet de pelegrimen ere almissen unde ere insneringe, kerken unde olje to den lampen dat hilge graf to beluchtende, dor ein kleine venster, dat uppe der suder syden is in der kerkdoren, unde also dat verbrant is, so en is dar nenerhande licht mere, unde blift dat graf sunder ere. Wente de Sarracenen hebbet dat hilge graf nicht werder wen wy hyr hebben der Jeden synagogen. Vortmêr in der sulven kerken vor deme kore ein kleine in dat suden is de stede, dar de dre Marien stunden, unde tosamende spreken: we wolkert uns den stein van des graves dore? In der kerken is ôk ein deil der sulven sule, dar unse here an gebunden was, unde an gegeiselt was, unde dat ander deil der sulen is to Constantinopolis. In der sulven kerke geit men nedder wol vostlich treppen to der stede, dar de dre cruce gevunden worden. Nedden in der sulven capellen steit des lutten sunte Jacobes biscopes stôl, dar he uppe sat, do he to Jherusalem biscop was. An der kerken steit ôk de sule, de by der tyt der mertere unses heren gestân hadde in Pilatus huse, de water van der tyt wente nu hute in deffen dach geven heft. In der kerken is ôk de stede, dar men den doden uppe dat cruce gedes lede, de verwekkede. In deffer kerken is ôk de stede, dar unse here sik sunte Marien Magdaleuen apenbarde vor einen gardener.

Alle deffe hilgen stede sint altomâle in deffer kerken beslaten, unde is alzo ein pallas altômale gemaket to nutte unde bederve den pelegrimen de dar kemen. De latet men dar in van einer primetyt avente to der anderen, dat se mogen besên allent dat dar is na crem willen. Cristene lude, de dar wonaftich sint, let men dar in vergeves, unde beslutet se darinne to twen tyden des jares; dat is im stillen vrigdage, so sint se darinne wente des mândages to passen; unde in deme hilgen avende der vindinge des hilgen cruces wente des negesten dages darna. So vint men in der kerken alderhande kopenschop veile, des einem minschen nôt is, unde des he begêrt. So mach men dar ôk heren mennigerhande sprake, unde sang van mennigerhande wyse. Unde ein jewelk volk heft denne syne sundergen stede godesdênst to dônde malk na syner wyse. So hebbet de Latini, dat sint de Dudeschen, de stede dar sik apenbarde unse here god Marien Magdalenen in eines gardeners wyse.

By der kerken des hilgen graves hadden wandages de godes riddere gewonet van sunte Johannes erden. Unde in deme pallase is nu ein mene hospital der pelegrimen, unde is so rûm unde so wyt, dat dusent volkes dar males nôch hebben mach, unde vindet dar umme ere gelt veile allent des se behovet. In deme hospitale is de sede, dat ein jewelk pelegrime met geven twe venediger penninge vor syne herberge; unde dat he dar blive ein gans jâr, he gift nicht mêr; blift he dar ôk men einen dach, he gift nicht min. In deffem hospitale wenede by myner tyt eine bedderve vrowe, de hete vrowe Margareta van Secilia;

unde de hadde einen broder, de was in der kerken des hilgen graves ein canonicus, unde hete Nicolaus. Desse vrowe Margareta was den cristenen vullen nutte, unde let alto vele bedrefnisse unde wedderwillen der der cristenen willen. Jodoch was se in sunderliken hulden des Soldanes to allen tyden, der erer bedervicheit willen.

Ot schelle gy weten dat de canonike des hilgen graves ein alto schone privilegium hebben vor anderen luden, alzo it in orem ordinario dikke gesen unde gelesen hebbe. Wente alzo wy unse tyde beginnet mit: deus in adjutorium, alzo beginnet se ere tyde mit: alleluja. Unde dat alle werlt wyt over lande betuget, dat leset se in der warheit alzo oft it jegenwardigen sy. Alzo de dyaken in dem paschen dat evangelium lest, unde kumpt uppe dat artikel: surrexit, non est hic, so steit de diaken, unde wyset uppe dat graf mit dem vingeren, unde alzo vort in den anderen dingen.

Vortmer an der kerken jegen dat westen, dar licht de sten, dar unse here, do he syn cruce dröch, sit ein kleine uppe rewede. Unde up der sulven stede dwungen se Simonem Cyrenensem, de van dem dorpe quam, dat he syn cruce dröch. Vortmer by der kerken jegen dat suden licht de stein, dar unse here uppe stunt, unde sprak: filie Jherusalem, nolite flere super me! gy dochtere van Jherusalem, gy scholet nicht wenen uppe my. Vortmer to Jherusalem mach men alto vele wunders sen, unde vele hilger stede, dar lank unde vele af were to spretende.

25. Vam dale Josaphat.

Van Jherusalem tüt men vort, unde kumpt in eine stat, de was wandages erlik unde schone, men nu is se al wuste. De licht in deme rechten Jodeschen lande, unde het Sacharia, unde licht van Jherusalem vif myle. In desser stat woneden Sacharias unde Elizabeth, sunte Johannes elderen. Dit was de stat, dar Maria to gink na der tyt, do er kundiget wart de bedeschop na hete des engels Gabrielis ut der stat Nazareth. Dar motte er Elizabeth, dar sik ere kint erorewede in ereme live, unde Maria sprak: Magnificat anima mea dominum. In desser stede is gebuwet eine schone kerke, de hute an dessen dach is geheten Magnificat, unde de stede licht van Nazareth dre dachvart, de Maria, godes moder, mit yle gink,

alzo dat evangelium spreket: Surgens Maria cum festinatione abiit in
montana Judee. In desser stat wart Johannes Baptista geboren; van
desser stat kumpt me wedder to Jherusalem.

An deme dale Josaphat steit ene gnedige kerke; men se is nicht alto
schone; de is gebuwet in de ere unser vrowen. In der kerken geit men
nedder wol festich treppen, unde kumpt to Marien grave, dat mit lichte
unde mit lampen vele bet gheiret is wen dat graf unses heren. De stede
dar dat graf steit is nicht groter unde rumer wen dat dar acht lude mo-
gen sta̋n, unde dat graf unses heren unde dat graf Marien hebbet al éne
schippenisse. In der stede dar nu de kerke steit, dar stunt by der tyt der
mertere unses heren Annas hůs, de do was ein vorste der prestere.
Unde in der sulven stede vorsakede sunte Peter unses heren; unde
in der sulven stede, dar he vorsôk, dar steit hute noch eine mormelen
stenes sule in ene dechtenisse. Men heft dî des loven, dat unse here
Jhesus Christus in deme jungesten dage nedderkomen scholle in den dal
Josaphat, ên strenge richter to wesende der levendigen unde der doden.
Dor desses dal lopt dat rivêr Cedron, dat is nicht men reine water, unde
vlut van deme berge. Nicht verne van deme rivêre in deme vote des
berges Oliveti is de garde, dar unse here Jhesus ane vangen wart, unde
Judas one kuffede. Nicht verne van dar is de stede, dar unse leve here
bedede, unde sprak: Pater, si fieri potest, transeat a me calix iste. Jegen
aver by Jherusalem dar licht Natatoria Siloe; dat is nu unreine water,
dat van allen halven dar tchope vlut. Boven deme dale Josaphat licht
dat velt uppe deme sudene, dat in dem evangelio gheten is ager fi-
guli edder ager sanguinis; dat mach men to dude heten dat blôtvelt,
dat dar gekoft wart darto, dat me de pelegrimen dar graven scholde, mit
deme gelde dar unse leve here umme verkoft wart. De scrift het it pre-
tium sanguinis, dat weren de druttich denarii, dar Judas unsen heren
umme verret. Uochten wil men dat it verkoft wart umme vestein denarii,
unde dat is ôl wol best lovesam, wente dat is nicht dat drudde dêl
van einem ader.

26. Van den druttich penningen.

Men lest dat in einer historien der ostene koninge, de unseme heren
in syner kintheit ere offer brochten, dat Thare, Abrahames vader, van

hete eines koninges van Mesopotamia, de Ninus geheten was, munte efte penninge maket hadde, unde druttich sulverne denarios vor sin lan entvangen. Desse druttich penninge gaf he sime sone Abrahame, unde vorde se in elende in pelegrimen mate mit sik, unde gingen dorch mennige hande wente also lange, dat se to lesten den Ismaheliten in de hande quemen; mit dessen penningen wart Joseph verkoft van sinen brederen. Darna do Joseph ein overhere wart in Egipto, unde sine bredere dar quemen umme korn to kopende, do quemen de sulven denarii wedder to Josephes hant, unde worden sinen brederen wedder geven. Do geven se de denarios Josephes vegede; de sande se vort van Pharaonis wegen in Saba umme kopenschop. Darna by konink Salomonis tnden, do de koninginne ût dem osten quam, unde welde horen de grote wisheit Salomonis, dar er af gesecht was, do offerde se de denarios in den tempel. Darna by der tyt, do Roboam ein koning was to Jherusalem, unde konink Nabuchodonosor den tempel berovede, unde den schat des tempels van danne vorde, do gaf he de druttich denarios mit anderem schatte einem anderen koninge, de Godolias hete, de mit ome an sime trecke wesen hadde. Aldus bleven de denarii mit anderem schatte den nakomelingen Godolie, wente an de tyt unses heren bort; do wart dat konintrike Godolie overgebrocht an dat konintrike Nubie.

Darna do unse here geboren was, unde her Melchior, de konink van Nubie, in den sternen sach, dat Christus van einer maget geboren was, do nam he de druttich penninge, wente he in al sime schatte nên older unde nên beter gelt vant, also it godes wille was, unde offerde se unsem heren. Do darna Maria van anxstes wegen Herodis ûtvlõ in Egipten, unde quam in de stede, dar nu de balsermgarde is, dar ik toveren van gesproken hebbe, dar verlõs Maria de penninge mit anderem schatte, den er de dre koninge offert hadden. De vant ein herde, unde hadde se by sik wol druttich jâr. Darna do sik dat ruchte unses heren bredde, unde men vele wunders unde tekene sach van unseme heren, do hôf sik de herde up, unde quam to Jherusalem; unde do unse here one sunt gemaket hadde van siner krankheit, unde unse here in dem tempel predekede unde lerde, do offerde de herde unsem heren de penninge mit anderem schatte der drier koninge, den he darmede vunden hadde. Der vorsède unse here to nemende, men he bevöl om de druttich penninge to offerende in den tempel, unde lede den anderen schat uppe dat altar. Dit dede de herde; do nemen de Joden de penninge unde leden se in Carbonam; dat was ein behold, dar men des tempels schat to huden plach. Darna geven se de penninge Judase, do he Jhesum, unsen heren, vorrêt. Do Judas se wedder brochte, unde se in den tempel warp, do seden se, men scholde se nicht leggen mank des tempels schat, unde se worden des to rade, dat se mit dem gelde koften den acker, dar it af gesproken hebbe, to gravende de pelegrimen, unde geven dar umme vostein penninge; de anderen vostein penninge geven se den ridderen, de dat graf unses heren warden. Do alle dink aldus vnlkomen was, alzo van den penningen predestineret was, dat dar schên scholde, do worden se gedeilet unde vorbnstert hyr unde dar; men ër der tyt bleven se tosamende unde ungescheiden. Nu spreket de scrift dat se sulveren weren (wente se by der tyt alle metalle sulver heten; men sunder twivel so weren se gulden).

De blôtacker is nicht grôt, alzo it gesecht hebbe; men he is alto dêp âtgegraven, unde is darboven gewelvet. In dem welfte sint sennewolde holle, unde ocr de holle werpet men de lichamme der doden in de kulen, unde over dre dagen vint me nicht men de knoken. Anders were de stede to luttik, dat se nenerleiwys so vele doden begripen konde. Nicht verne van der kulen is de stede, dar Judas mistrôstich wart, unde hengede sik dosulves.

27. Van deme berge Olivett.

Vortmêr by Jherusalem is de berch Oliveti in dat osten, dar got van hemmelryke vele wunders begink, unde hêt nu de luchtberch. Uppe dessem berge Oliveti steit eine schöne kerke, de hêt: ad sanctum salvatorem, unde steit up der steden, dar Christus to hemmel vôr; unde de kerke is boven al open, dar god henne vôr. Aver up deme berge is eine andere capelle, dar unse here dat pater noster malede; de capelle hêt Pater noster. Vortmêr up deme sulven berge licht ein dorp, dat hêt Galilea, dar dat evangelium van spreket: precedam vos in Galileam, ick wil juw vorgân in Galileam.

By deme berge Oliveti is Bethphage, dar god in palmedage up dem ezel sat, unde quam to Jherusalem; men dat Christus ein gut ridder was, anders were dat unmogelik, dat he den berch mit dem ezel konde nedder kamen, so hoch unde steil alzo de berch is to gande. By Beth- phage up ein half myle weges licht eine schone stat, unde het Bethania; dar stat dre kerken inne. De ene steit in der stede dar Lazarus vorwecket wart. De ander steit dar Simeonis, des spittelers, hus gewesen hadde, dar Maria Magdalena quam, unde salvede unsen heren. De drudde is gemaket van Marien unde Marthen pallase, dar Christus dicke entvangen wart hungerich unde dorstich, gelavet unde wol gehandelt to mennigen stunden.

28. Van der Jordanen.

Van Bethphage kumpt men vort to der Jordanen, unde wandert derch eine wustenie, de het Monsteth. In der wustenie hadde wesen sunte Johannes Baptista, unde at dar nicht men wilt honnich unde locusten. Dat was de wustenie dar men af left in dem evangelio, dat ein minsche nedder gink van Jherusalem to Jericho, unde vil den morderen in de hande. In der wustenie is ein berch, de het Quarentana; in deme berge vastede Christus vertich dage unde vertich nacht; darna bleif he hungerich. Dar wart he bekort van deme vigende, alzo dat evangelium betuget: Du- ctus est Jhesus in desertum.

So wen men dit tomale sen heft, so kumpt men to Jericho, dat wan- dages eine schone krike stat was; men nu is se ein kleine dorp geworden. Van dar was geboren Sacheus de lutte, unde Raab dat mene wyf. By Jericho up dre mylen is dat dode mer; dat is wol achtentich myle lank. Dar stunden de groten stede Sodoma, Gomorra, unde Adama, unde allent dat dar ummelant was, stede, slote, dorpe unde berge, de god van hem- melryke tomale der eine grote sunde der lude let in grunt gan des waters, dar nen man to ruken kan van einem vulen stanke des waters. Vortmer by deme doden mere steit Lotles wyf, de in eine soltsule gewandelt is. Nicht verne van dar lach de stat Sechor, dar Lot vor bat, dat se nicht vorgink. Up jenne syt deme doden mere jegen dat osten steit de starkeste berch, de in alle der werlt is, de in arabico gheheten is Arab, in latino hēt se Mons Regalis, unde in chaldaico Scobach, unde is mit dren muren wol gezyret.

Nicht verne van deme doden mere kumpt men vort to der Jordanen; dat is ein vlēt, unde is kume tein strede brēt. Men it is vullen dēp unde madich, unde entspringet in der wortelen des berges Libani ute twēn vleten; dat eine hēt Jor, dat andere hēt Dan, unde de vletet dor dat mer Galilee, unde komet tosamende, unde hetet denne Jordan. By deme doden mere uppe twe mile na is de stede, dar unse here van sunte Johannese doft wart, unde de stede hēt noch: to der vorden Jordanis. By desser stede nicht verne van dem overe der Jordanen licht ein schone kloster buwet in de ere sunte Johannis Baptisten; darinne sint grekesche monnike, de spreken dat se hebben sunte Johannis arm. In deme hilgen dage to twelften so komet in der stede tosamende alle cristen, de dar monastlich sint, unde pelegrimen van verne landes; so lest men dat evangelium: cum natus esset Jhesus in Betlehem.

29. Van Galilea.

Van der Jordanen kumpt men in Galilea, unde in Judea, unde in Samaria, unde mach besēn vele stede unde dorpe, unde vele wunders, dar it nich af scriven kan. Van Samaria kumpt men in Galilea, unde is ein provincie des landes der Jovede. Darinne legen de stede Naim, Capharnaum, Betsaida unde Cana Galilee; men de sint nu tomāle wuste. By deme ende des landes Galilea dar is de berch Gelboē; van dessem berge sprak David: Montes Gelboē, nec ros nec pluvia veniant super vos; dat spreket: Gy berge van Gelboē, uppe juw schal komen noch dow, noch regen. Somelike spreken, dat uppe den berch noch dow, noch regen kome; dat is drogenisse. By dem berge Gelboē heft gelegen de stat Betulea, dar vrowe Judith inne was, de vor der stat Holoferno syn hovet afslōch.

Alzo men dat tomāle sēn heft, so kumpt me to Nazareth, dat wandages was eine benomede stat, unde noch is. In desser stat werf de engel Gabriel de bodeschop to Marien. In desser stat is eine grote schone kerke,

dar bn deme lore is eine capelle, dar godes bodeschop geworen wart,
unde dar Maria unsen heren entfing. In der capellen steit eine kleine
sule, dar de engel stunt, do he Christum bodeschoppede; unde syn figure
steit in der sule, oft se in ên ingesegel drucket sin. Of dôt de Sarracenen
desser kerken vele smaheit; wente alle dat ôs, dat se hebben, dode rindere,
unde dode ezele, unde hunde, villet se in der kerken; unde de Sarracenen
van Nazareth sint bose schelke. Van desser stat kumpt men bn eneme dage
to dem berge Tabor, unde is vullen lik deme Desenberge in dem stichte
to Palborne. In deme berge entwandelde sik unse here, do em syn ant-
lat schên also de sunne, dar jegenwardich weren Johannes, Petrus unde
Jacobus, unde dar sik apenbarden Moyses unde Helyas, unde spreken mit
eme, also dat evangelium spreket. In der stede, dar sik unse here ent-
wandelde, was ein herlik kloster gebuwet van sunte Benedictus orden.
By dessem berge Tabor licht eine starke borch, de het Blanzagarda; de
borch buweden de cristene, do se dat hilge lant gewunnen hadden. Unde
denne kumpt men an den berch Hermon, de vullen lustik is.

30. Van deme mere Galilee.

Van danne kumpt me to dem overe des meres Galilee to der stat
Tiberiadis; unde dat mer heft in syme ringe wol twintich mnle, unde
heft gude versche vische, de sint sute. Up dessem mere dede god vele
wunders in syner minscheit. Uppe dessem mere weren Petrus unde An-
dreas, do unse leve here se ladede to aposteien, unde vele wunders be-
gint he dar, dar vele af to sprekende were. By dessem mere is de berch,
dar unse here spisede vnf dusent volkes mit vnf broden unde twen vischen,
also dat evangelium tuget. Nicht verne van dar was wandages eine
schone stat, de hete Dan; men se is vorgân. Dat lant des lovedes reket
sik dt van Dan wente to Bersabee, van deme nordene wente to suden,
unde heft in syner lenge bn twintich mnle weges, unde heft in syner
brede van Jericho wente to Joppe, van deme osten in dat westen, bn
eloven mnle weges, also ik dicke hôrt hebbe van brefdregers des Soldanes,
unde ôk van lovesamen luden, de dar woneden in deme lande, de ôk dat
bescreven hadden. (Nicht verne van Dan is de stat Belinas, de wanda-
ges schone was.) Nicht verne van der stat is de stede, dar unse here

9*

vragede synen jungeren, unde sprak: quem dicunt homines esse filium hominis? dar dat evangelium af spreket in Mattheo.

So wen men vort tüt, unde vele anders dinges in deme hilgen lande besen heft unde dorgewandert heft, van steden unde van dorpen, unde van waningen, unde van velen anderen wunderen, so kumpt men wedder to der stat Baruth, dar ik vor af gesproken hebbe, dar ene mene tovart is aller pelegrimen. By der stat dodede de hilge merteler sunte Jurian den draken, unde bekerde de stat unde al dat lant to deme rechten loven. Van der stat Baruth mach ein man üt keren to húswart in welk lant dat he wil. Dat bevele ik mallem na synem willen.

———

Anmerkungen
zum Niedersächsischen Texte.

Eingang, S. 17. Hinter den Wörten: heren des landes, ist wahrscheinlich zu ergänzen: vyf jare lank, nach dem lateinischen Texte: per quinquennium. Wo it in wesende stalt sy, wie es im Wesen gestaltet sey. Jegenoden, Gegenden; des hilgen landes, hinzuzudenken ist vielleicht: husen, Häusern, aus dem vorhergehenden: bedehusen, Bethäusern; oder ein andres Wort ist ausgefallen. Hinter: druttich jar wird gevunden zu ergänzen seyn, nach dem Lateinischen: inveni. Ein unde vertich, ist die richtige Zahl, welche der lateinische Text hat; vergleiche Deyks Vorrede zum iter Ludolphi. Das unrichtige: ein unde druttich steht im Wolfenbütteler Codex. Dat vullenbringen, das Wort dat habe ich ergänzt.

Cap. 1. S. 17. Unde mit, das unde steht im Codex vor ziren. Anstatt monaftich sint, unde, hat der Codex: monaftich sint, hebbrn; welches keinen Zusammenhang giebt; mer of, Codex: mer wen; lateinisch: sed multoties ab antiquo. Merter, Marter; Ris, Reis, Ruthe; vortegen, verzichtet; alzomer nicht vorgan, fast nicht vergangen; im lateinischen Texte: quasi illaesum; das im Codex fehlende Wort nicht ist von mir hinzugefügt. Für also dat se steht im Codex: also dat he. Lat wesen dat bedeutet: laß seyn daß, mag seyn daß, wenn auch etwa; das Lateinische hat licet; für lat steht im Codex: let. Somelike, einige, wie noch englisch: some. Pawes, Pabst; by not, durch Noth, nothwendig; ebber to lande, hinter diesen Worten habe ich das im Codex fehlende varen nach dem Lateinischen ergänzt. Für teen, ziehen, hat der Codex: twen. Trag, Thracien; in der Handschrift: raj; vergleiche Deyks S. 3; wente, bis.

Cap. 2. S. 18. Schepenisse, Beschaffenheit; licht up, der Codex:

lecht up; nomebe se, das se habe ich hinzugefügt; if dor, ich woge; im Lateinischen: non suaus sum; na den Grefen, die Handschrift hat: na der ferken; der lateinische Text: in graeco. Swamp, Schwamm; geschenket, eingeschenkt; restet, rasten, ruhen. Patriarcha der Grefen, der Codex: Keyser der ferken; im Lateinischen: patriarcha Graecorum; van em, von ihm, nämlich: vom Pabste; ever ein mer dat nicht breit en is, die Wörter ein, dat, fehlen in der Handschrift.

Cap. 3. S. 19. Dies Capitel giebt nur einen kurzen Auszug aus cap. 3. 4. des lateinischen Textes. Den mochte, das den habe ich hinzugefügt. Barbarien, die Barbarei, das nördliche Afrika. Garnab, Granata. Grap, der westliche Theil Nordafrikas, welcher arabisch al garb d. i. der Westen genannt wird; oder auch Algarbien im südlichen Portugal. By Barbaria, das by habe ich hinzugefügt. Pugia ist vielleicht Bugia, von Algier östlich. Die cap. 5 — 12 des lateinischen Textes sind ganz übergangen.

Cap. 4. S. 19. Entspricht dem cap. 13. im Lateinischen. Hier beginnt der niederrheinische Text; siehe oben S. 12.; Logge, Lastschiff; Galleide, Galeere; eme einem; it en sy dat, es sey denn daß; vordere hant, rechte Hand; luchtere, linke; afogen, abängeln, erblicen. Seciliam, der Codex hat immer Ceciliam; Maltam, im Codex Mautam; die folgenden Inseln heißen im Codex: Moystar, Pentriam, Grecam, Cyen, Robingh; im lateinischen: Goy, Scarpo, Cretam, Rodum; vergleiche Deyds S. 16. Einer galleiden, das einer habe ich hinzugefügt; halven, Seiten; dre men, das dre habe ich nach dem Lateinischen ergänzt; schutte, Schütze, die Handschrift hat schuts. Versche, frische; me dus, man so; beschedeliken, genau; schepet mit einer, das einer habe ich hinzugefügt; jegenne, Gegend; wandages, ehemals; af vinden, das af habe ich ergänzt nach dem lateinischen: cuius aliquod vestigium. Wen summelike, außer einige; in summelike ende, in einigen Stellen; mormeline pilre, marmorne Pfeiler.

Zwischen den Worten: vorware weten dat und te Benedye steht in der Handschrift noch: in der stat gelegen habbe, dar men doch nein votspar ebber bekanteniffe heft; sie scheinen durch Versehen aus dem vorhergehenden wiederholt zu seyn, und fehlen im Lateinischen; voge, fäge, gefögigs, in dem Sinne: kleine; lateinisch parva. Ayos Christianos, d. i. heiliger Christianos; im Lateinischen steht: Ayos Yamos; Deyds vermuthet Haglos Joannes. Hinter anderwege habe ich de overe ergänzt, nach dem lateinischen littora. Corsica, die Handschrift hat corsia. Hinter abber, Otter, Natter, habe ich eme an ergänzt; harde gut, sehr gut; quekes, Viehes, Kleinviehes. Papiam, im Codex Papiam; Macarius, im Codex Macharius; benomekte, namhafteste, im Lateinischen nominatissimus. Hyle Saupiges, die Insel Isle Saint Pierre, im Südwesten Sardiniens.

Cap. 5. S. 21. Entspricht den cap. 14. 15. 16. des lateinischen Textes. Monte regall, die Stadt Monreale unweit Palermo. Palermam, Trapanam, Cataneam, im Codex: Palermam, Carpariam, Chananeam. In groter hode van der stat Siracusana, lateinisch nam ob eine merita deus multa miracula operatur quotidie in universa Sicilia; hode ist Hut, Behüthung. Belus pulcer mons, lateinisch: Bel id est pulcher mons; der Aetna ist gemeint, welcher in Sicilien Mongibello genannt wird, vom arabischen gebel, Berg. Glogendich, glühendig; pomes, Bimstein, lateinisch pumex, italiänisch pomice; quasset, wühlet, würget, strömet; martet, in der Handschrift: mertelere. Für: velum (Schleier) drogen se tegen dat vur, steht im Codex: velum wil doch unde droghen teghen dat vur; im Lateinischen: extalerunt velam contra ignem. Malta, im Codex: Matra oder Mantra. Colmach, im Lateinischen: Colmat. Goy ist wahrscheinlich die Insel Gozzo oder Guzzo bei Malta.

Cap. 6. S. 22. Ist cap. 17. des lateinischen Textes. Achalam, im Codex: Achlam; aber weiter unten: Achavam; martelt, gemartert; ene alto schone, im Codex: alto ene schone; Chorintus, im Codex: Chorinth. Achaia, in der Handschrift: Acharia. Seya, die Insel Scio, Chios; hemelicheit, im Codex: hemelicheyt; wandages Intke Asia, im Codex: wandaghes Asia; vrame, tapfere, lateinisch: strenuissimi; nochten, dennoch.

Cap. 7. S. 23. ist cap. 18. des lateinischen Textes. In deme sulven werdere, das Wort werder steht hier vielleicht in dem Sinne: Ufer. De leve vrunt godes, der Apostel Johannes; werschop, Hochzeitsfest; beswerken, verhüllet, lateinisch: obumbravit; lucht, Leuchte, Licht.

Cap. 8. S. 23. entspricht dem lateinischen cap. 19. Gy schollet, das gy habe ich hinzugefügt; es ist aber vielleicht nicht nothwendig. Van dar kumpt me in Pathera, in der Handschrift steht blos: Van Pathera; es ist Patara in Lycien gemeint. De meste stat, die größte Stadt; lustlik unde gesunt is, die Handschrift: lustlik gesunt is; das Lateinische: sana et delectabilis. Bele syner breve, Rudolf meint die Colosser in Phrygien, deren Namen er vielleicht an den Colossus von Rhodus knüpft. Umme den sovenden dei, lateinifch: ob septimum mundi clima. **Hof fil** erft an, daß an habe ich hinzugefügt; **ram**, Bock; **vluß**, Flies; **het vele bergetes**, hat viel Gebirges, das het habe ich ergänzt; **nt deme werder Robis**, im Codex steht: **nt by der Robin**; der lateinische Text hat: per Rhodum; **unwinliken**, unüberwindlich. **Beet jar**, das Lateinische hat quatuor, im Codex steht die Zahl vij; fe er, das fe habe ich hinzugefügt. Die Worte **de se sil to togen** find in der Handschrift den Worten **mit lifte unde mit gave** nachgestellt.

Hellanns van algenborpe, Helion de Villeneuve war Großmeister in den Jahren 1327—1346. **Buwede starke**, lateinisch: aedificavit multa; **rapmal**, Rufmal, Strecke so weit man rufen kann; lateinisch: ad clamorem hominis. Statt **aver alle lant** hat die Handschrift: **aver alle dent**; lateinisch: et [insula Rhodus] totam circa terram et Turchiam pro tertia parte proventuum habet sub tributo. Für **nenen scaden don** setzt das Lateinische ohne Negation noc in locis, quibus christianis damna inferunt. Für **dar** hat der Codex: dat. Longo, die Insel Longo oder Cos, auch Stanchio genannt, von Rhodos nordwestlich, wo noch das Ritterschloß vorhanden ist; siehe Roß Reisen nach Rhodos und Cypern S. 13. und Hammer Geschichte des Osmanischen Reiches, Ausgabe 2. Bd. 1. S. 562. **Castel Rus**, ist die kleine Insel Simia oder Simse, von Rhodos nördlich. Hammer berichtet nach Bertot von ihr ebenso wie Ludolf; er sagt in seiner Osmanischen Geschichte, 2te Ausgabe, Bd. 1. S. 562: „Der Großmeister führte auf derselben einen hohen Signalthurm auf, von welchem die Bewohner nachts durch Feuer, tags durch Rauch die Nachricht annahender Gefahr nach Rhodos mittheilten." **Men nu**, im Codex steht: wen nu; **sulneren**, Söldnern, lateinisch: stipendiarii. Hinter **ummelant** steht im Codex noch: **beseten sint**, welches im Lateinischen fehlt, und durch Irrthum aus den nächstfolgenden Zeilen hineingekommen ist. **Lochene**, Lohe, Flamme; in Pommern sagt man jetzt: **de Lolchen**, die helle Flamme; **reden bereiten**; **tinsaftich**, zinspflichtig.

Dorefteden, erforschten; **efchen**, fordern; **lovede**, Gelöbniß, Friedensversprechen. **Phoca van Philoreth**, der Großmeister Fulco von Villaret, gewählt ao. 1308. dankte ab ao. 1319. und starb ao. 1327; Deyks S. 28. und Hammers Osmanische Geschichte a. a. O.; **avefet**, abgesetzt; **den dren dagen**, das den habe ich hinzugefügt; ebenso das hernach folgende **to makende**. **Werschop**, Gastmal; **blide**, fröhlich; **vorderde**, **schaffede**; der Codex setzt den Plural: **vorderden**, **schaffeden**; das Lateinische hat: investigavit, congregavit. **Dornße**, Stube; **he settede dar**, Codex: **setteden be**; **dageringe**, Tagesanbruch. **Mit ignem**, mit Leinen, mit Stricken; **begadet**, besorgt; **mit**

groten vrouden, der Codex: mit groten vruchten; aber das Lateinische: cum magno gaudio; in verschen voten, auf frischem Fuße.

Venet, wähnet, meinet; dwoch, wnsch; segelere, Segeler, Seefahrer; wo de brodere, das wo habe ich hinzugefügt; vielleicht ist noch etwas mehr zu ergänzen; im Lateinischen steht: de victoriis omnibus et singulis.

Cap. 9. S. 27. entspricht dem lateinischen Capitel 20. Ungelike, unvergleichbar; lateinisch: incomparabilis. Japhet, im Codex: Saphes; quemen de vorsten, dafür hat die Handschrift ohne Zusammenhang: darna bo dat hilge lant unde de vorsten. Paphensis — metropolitanus de, diese Namen der drei Bisthümer sind in der Handschrift ausgelaßen, indem der Abschreiber von dem hetet vor Paphensis gleich übersprang zu dem hetet vor Nicostensis; ich habe sie aus dem Lateinischen ergänzt. Sobder stede, seitdem; wörtlich: seit der Stätte; man sagt noch jetzt: upper stede, sogleich, auf der Stelle; aljomer, größtentheils; in der Handschrift steht: aljomer aljo; gelovech, im Codex: gelovet; im niederrheinischen Texte: geloevich; in Deyks Pilgerfahrten S. 36.

Dar plach men den afgot Venus, fehlt in der Handschrift; es ist aber nothwendig für das folgende: antobedende, und steht sowohl im lateinischen wie im niederrheinischen Texte; rebet, bereitet, gerüstet. Storinge, Zerstörung; wente, im Codex: men; koninginne, Codex: koning; aber das Lateinische hat: Helena, und der niederrheinische Text: coningynne; in Tropen, ist nach dem niederrheinischen Texte ergänzt; natur unkusker, im Codex: naturen kusker; lateinisch: luxuriosissimi naturaliter. Nemen se, in der Handschrift: nemen de erden. Unde vele andere stede, im Codex: unde in velen anderen steden; aber im Lateinischen steht: et multa alia loca; gebaren, im Codex: gevaren; lateinisch: ortus; vielleicht ist gevaren beizubehalten.

Cap. 10. S. 28. entspricht dem lateinischen Capitel 21. Den Namen Engaddi erhielt dieser berühmte Cyprische Weinberg aus dem Hohenliede cap. 1. vers 14. worauf etwas weiter unten hingewiesen wird. In allenthalven, auf allen Seiten; brune plomen, braune Pflaumen, habe ich statt des in der Handschrift stehenden bonenblomen, Bohnenblumen, gesetzt, weil das Lateinische hat: in modum prunellarum magnas; arwete, Erbse; ekeren, Eicheln; an gelede, auferlegte. Under des hemmels trone, im Codex: under hemmels trone; im niederrheinischen Texte S. 36: onder es hemels troene; to bederve, zu Nutzen; in vineis Engady, fehlt in der Handschrift, steht aber im Lateinischen. Nimociensis, die Stadt Nemesus oder Limosus, Limasol; unverwandes, unversehens, noch in Pommern üblich; heft, fehlt im Codex; af sen, das af fehlt in der Handschrift; aber lateinisch steht: quorum palatia. Nicht hoch, im Codex fehlt das nicht; aber das Lateinische hat: non altae. Dudeschen, lateinisch: fratres domus Theutonicorum, vom Teutschen oder Preußischen Orden; munster, Kloster, monasterium; algans, vollständig; unde medemede, lateinisch: et dotatum; in der Handschrift steht entstellt: unde wonde mede be. Dat cruce grotet, das Kreuz grüßen; in der Handschrift: dat cruce grotet habde; bescheideliken, bestimmt.

 Cap. 11. S. 29. ist im Lateinischen Capitel 22. By not de vlucht hebben, lateinisch: necessario est confluentia. De bereit, der bereith, d. i. verheirathete; vom Zeitworte: beraden, ausstatten, verehelichen. Mer men alle klenode des koninges van Brankrike, fehlt in der Handschrift; ich habe es hinzugefügt nach dem Lateinischen: esse meliora quam omnia regis Franciae ornamenta; eschede, heischte; dre dusent, das dre fehlt in der Handschrift; aber das Lateinische hat: tribus millibus; crude, Gewürz; wande, Gewand; des dor is, davon wage ich; die Handschrift setzt das dor hinter spreken. Anlovesam, unglaubwürdig; liggen, im Codex: leghen; vele, die Handschrift hat vili; aber das Lateinische: infinitae.

 Cap. 12. S. 30. entspricht dem lateinischen Capitel 23. Salaminia, Dreyß bemerkt: „Constantin der große stellte die durch Erdbeben verwüstete Stadt Salamis wieder her; seitdem hieß sie Constantia; Walalä Chronic. lib. 1. cap. 12." Das gegraven vor ut fehlt im Codex, steht aber weiterhin bei Barnabas, und das Lateinische hat beidemale sepultus. Geboren, in der Handschrift: keforen; lateinisch: orta; vorvolger, Nachfolger, Begleiter. Desse stat, der Codex setzt: in desser stat; aber das Lateinische hat das richtige: hanc civitatem. Dar sint wilde, Codex: dat sint wilde; webbere, Widder; lebarden, Leoparden, im Codex: sebarden; lateinisch leopardis; im niederrheinischen Texte: libarden; vorsleit, verschlägt, anschlägt; das des jares vor dre mark habe ich nach dem lateinischen und dem niederrheinischen ergänzt; letzteres steht in Deyks Pilgerfahrten S. 40. Unde vorbot, und sie verthun; lateinisch: tamen consumnnt; im Codex: unde vor dat. Valkenere, Falkoniere, lateinisch: falconarios; im Codex: valken; den syne, im Codex: den be syne; kulen, Gruben, Schluchten; paulun, Pavillon, Zelt. Unde wetert, und schweifen; lateinisch: vagantes. Das Bremische Wörterbuch Bd. 5. S. 207. erwähnt ein Zeitwort wetern, wässern, abfließen. In Pommern ist noch üblich dwetern, umherschweifen, welches schon im sechzehnten Jahrhundert dort vorkommt. Der Schwärmer Peter Euleke sagte ao. 1558 in seiner Predigt zu Stralsund: „ik bin darvan gegan, und in deme wilden welte mit groter bekummernisse und sachthaftigkeit ummegedwetert;" Peter Sulcke, vom Archidiaconus Tamms; Stralsund 1837. S. 5. Divende, Kamele. Derden, Thieren, fehlt im Codex; lateinisch: bestlis.

Suria, im Codex: Thuria; lateinisch: Suria; leste eristene, letzte christliche, lateinisch: christianorum ultima; die Handschrift hat: beste, und läßt: eristene, aus; unde it kome, die Handschrift: krude id kome; to golde geit, in den goldenen Abendhimmel niedersinkt. Blank, weiß; deste min nicht, desto minder nicht; he sterket, er wird stark; vor meinliken hat der Codex noch: mach, welches überflüßig ist wegen des folgenden mot vor negen; bodene, Bütte, lateinisch: dolium; dat dat mogelik were, gesetzt daß dies möglich wäre; sunt, gesund; strack, heftig; vielleicht starck zu lesen. Gedrenke, das lateinische hat statt dessen potatores. Das Wetheborch, lateinisch: comes de Vianden, comes de Swartenborgh.

Condolor cet. im Codex: Condolo unde Etahinir, Sachi unde Sachaltri; es sind noch Teyks: Kilindri, Eelindri, Selevle und Attalia an der kleinasiatischen Küste; sint fehlt im Codex. Bandages, vormals; im Codex: wand.

Cap. 13. S. 33. ist im Lateinischen cap. 24. In Egiptus, im Codex: alzo Egiptus; ich habe das alzo vor Alexandria gestellt, nach dem Lateinischen. Akris habe ich gesetzt, weil der Codex diesen Namen sonst so schreibt; hier aber hat er: Acon. Hinter Akris setzt er noch einmal: unde Jape, welches aber im Lateinischen fehlt. En del, zum Theil, welches öfter gebraucht wird; die Handschrift hat hier aber: in del. Marcus steht im Lateinischen und bei Feyerabendt; unsere Handschrift hat: Lukas. Gehalet, lateinisch: decollata; wonet, wähnen; hier steht im Codex: wonet; aber gleich darauf: wanet; utgehalet, lateinisch: decollatus; im Codex steht hier: utgeholet; unde wetet, lateinisch: et acitur propter situationem loci, qui ibidem distinguit Aegyptum et Arabiam. Mall, männiglich, jeder; ratten, lateinisch: glires; im Codex steht: katten; it sy, im Codex: id se. Macheronta, der Codex hat: Malbitonia Thorauea. Im Lateinischen steht: Metharonia; und bei Feyerabendt und in einem alten hochdeutschen Drucke: Macheronta. Gemeint ist von Lutolf wahrscheinlich der Name des Jüdischen Bergschloßes Machairus, welcher im griechischen Accusative Machaironta lautet. Denn dort ward Johannes Baptista enthauptet. Von Alexandria lag dies Schloß ziemlich fern, auf der Ostseite des todten Meeres; siehe Raumers Palästina S. 266.

By Egipto be erste stat hetet Tripolis; im Coder: In Egipto be andere stat Tripolis; lateinisch: Prope Aegyptum prima civitas Tripolis vocatur; Feyerabendt: die erste statt nach Egypten heißt Tripolis; is also lustlik, das also fehlt im Coder; vriflik, freislich, schauerlich; bulderinge, Polterung. Ortorum, für hortorum; der Name ist aus der bald hierauf von Ludolf angeführten Stelle des hohen Liedes cap. 4. verf. 15. genommen; flichten erden, das flichten fehlt im Coder; lateinisch: terra plana; even hoch, immer gleich hoch bleibend; nummer kleiner, im Coder: jummer grotter d. i. immer größer; lateinisch: nunquam diminuens; Feyerabendt: nimmer kleiner; nur dies ist dem Sinne angemeßen; unde vul aller guden dinge, im Coder: unde aller Dinge.

Huldeliken, lateinisch: competenter; Feyerabendt: stätigs. Jurian, Jürgen, Georg; den see des draken, im Coder: den draken; lateinisch: lacus draconis; hetet, fehlt im Coder: der koninge, fehlt gleichfalls; lateinisch: in libro regum; es ist 1 Reg. 5. v. 18. gemeint; hete do Giblet, im Coder: hete do hargiblet; das hebräische har bedeutet freilich: Berg, ebenso wie giblet, wird aber im Alten Testamente mit dem Namen dieses Ortes nicht verbunden; er heißt nur: gebal, und der Einwohner: gibli. Für van dar steht im Coder: van deme. Japhe, im Coder: Jasue; huldeliken, lateinisch: compotenter. Ramatha, Ascalona, nach dem Lateinischen; im Coder steht: Camelcha, Scholara. Sayetha, ist Saida an der syrischen Küste; de nu woste is, fehlt im Coder, steht aber im Lateinischen. Cananea, die Canaanitische Frau, Matth. 15. v. 21.

Cap. 14. S. 35. entspricht dem lateinischen cap. 25. Ein kleine, ein wenig; das ein steht nicht im Coder; aber der niederrheinische Text in Deyks Pilgerfahrten S. 41. hat: ein cleyne; men wen, aber wenn; im Coder: wente wen, d. i. denn wenn, welches weniger paßend ist; lateinisch: sed cogitanti mihi; bet in, bis in; das bet steht nicht im Coder. Homelden tinaftich gemaket, Schlagbäumen, Eingeln, Vormauern, zinnenhaft gemacht, mit Zinnen versehen; lateinisch: diversis propugnaculis; vielleicht las der Ueberseher in seinem lateinischen Texte pinnaculis b. i. Zinnen. Blideschop, Fröhlichkeit, Freude; orden, Ecken.

Unde syne brodere, fehlt im Coder, steht aber im lateinischen und im niederrheinischen Texte S. 42. Cesaria in Palestina, im Coder: Cofaria Palestina; Sayette, Saida; der Coder hat: Saghage; das Lateinische: Sayotta. Japhe, der Coder: Jasphe. Pysan, hat das Lateinische; im Coder steht: Jasan; es ist wohl Beiffan im nördlichen Paläſtina gemeint. Dau**s**, ſteht im Codex, und auch im lateiniſchen Texte; im niederrheiniſchen fehlt dieſer Herr. **Malk vor dem anderen**, lateiniſch: quivis prae alio; im Codex: malk van den anderen; **ſyne egene vriheit**, fehlt im Codex, ſo daß der Satz unvollſtändig bleibt; aber im Lateiniſchen ſteht: propriam libertatem seu immunitatem, im Niederrheiniſchen: ſine eygene vryheit; **van dem Dubeſchen huſe**, im Codex: van den Dubeſchen huſen; lateiniſch: domus Theutonicorum; **unde vochten**, im Codex: vochten unde ſtriden. **Van Jenne**, von Genua, fehlt im Codex, ſteht aber im Niederrheiniſchen; lateiniſch: Januenses; **orlige**, Krieg; die Handſchrift wechſelt mit orlige, orlege, orloge. **Bet dat ſe undergink**, fehlt im Codex; aber das Lateiniſche hat: usque ad occasum.

Judas, nach 1 Makk. 12. verſ. 42—48 müßte es Jonathas heißen. **Belzebuk, Beelzebub**, ward nach 2 Reg. 1. verſ. 2 in der Philiſtäiſchen Stadt Ekron verehrt, die von Akris oder Akko verſchieden war.

Cap. 16. S. 37. iſt im Lateiniſchen cap. 26. Ueber das Sagenhafte dieſer Darſtellung und die großen Zahlen vergleiche Depks Pilgerfahrten S. 48. 49. Statt des Pabſtes **Urbanus 4.** ſollte **Nicolaus 4.** ſtehen. **Mit den Sarracenen**, ſteht nicht im Codex, fördert aber die Deutlichkeit; der Ueberſetzer wollte die beiden lateiniſchen Ausdrücke foedus et treugas wiedergeben. Im Niederrheiniſchen heißt es blos: makeden mit den Saraſinen eynen vrede. **Wente dor ſunde legen ſe dar**; im Lateiniſchen fehlt dieſer Satz; der niederrheiniſche Text ſetzt mit anderm, aber vielleicht richtigem, Zuſammenhange: „unde an anderen ſnoeden Steden, Dorch ſunde der lude die daer woenden, unde vingen unde beroefden de pilgryme." **Melk Sapheraph**, im Codex: melob ſapheraph; ſein arabiſcher Name lautet: el malek el aschraf, d. i. der edelſte König; **vrame man**, tapferer Mann; **rebe**, der niederrheiniſche Text hat deutlicher: wedderſtoet; lateiniſch: nullo resistente. **How unde ſorede**, hieß und dörrete; lateiniſch: secans et arefaciens; **wyſe man**, im Codex: wyſer man; **wer me dat mit ichte**, ob man das mit irgendetwas; **unde behelt**, und behielt; **beteren mochte**, im Codex: beteren mochte. **Bliden**, Wurfgeſchütze; **mit ſchote**, hinter dieſen Worten fügt der Codex hinzu: unde mit ſodanigen dingen, welcher Satz gleich darauf wiederkehrt, wo er paſſender ſteht. **Glevige**, Speer; **tweyſpleit**, inzwei ſpliß, barſt; **veer werve**, im Codex: dre werve; aber es werden ſogleich viermal hunderttauſend aufgezählt; wahrſcheinlich ſtand urſprünglich: ſes werve, wie im Lateiniſchen: sexies; **breen hupen**, im Codex fehlt: hupen; lateiniſch: turmas. **De anderen twe**, das: anderen, fehlt im Codex; der nicht, habe ich, um den Zusammenhang deutlicher zu machen, hinzugefügt; aber es ist vielleicht nicht nothwendig; anderen gobes, das: anderen, fehlt im Codex. Men der Sarracenen worden mer, ist von mir ergänzt nach dem lateinischen: sed Saraceni in tantum crevorunt; der anderen borge, Codex: der anderen borghere; lateinisch: altius (lies alterius) castrum; stribeden, Codex: striden.

To einem ende, das: to, fehlt im Codex; negentich habe ich nach dem lateinischen Terte gesetzt; im Codex steht: vestich; de dar ummelanf, das: de dar, habe ich ergänzt; vortegen, verzichteten; rume, völlig; doch ist das Wort im Codex schwer zu lesen.

Historia van der stat Akris, Ludolf benutzte also auch eine Schrift über diese Ereignisse. Deyks in den Pilgerfahrten S. 48. vermuthet, es möge die des Egghardus seyn, welche in dem Chronicon Hermanni Corneri um ao. 1435. erwähnt ist, weil Cornerus in seinen Angaben sehr mit Ludolf übereinstimmt. Uebrigens konnte Ludolfus ao. 1337. in Cypern füglich noch Leute sprechen, welche ao. 1292. bei der Einnahme der Stadt Akre gegenwärtig gewesen waren. Delaftich, neblich; er egene, ihre eigene; im Codex: erghene; lateinisch: quousque ipsorum castrum; algo dar dat mer, im Codex: algo dat men; lateinisch: quo mare tranquillissimum esse solet.

Vyf hundert, im Codex; hundert dusent; lateinisch: quingentae; vellich, sicher; to vorgeves, umsonst; ein wech, vielleicht: enwech, d. i. hinweg; serigent unde menent, das unde fehlt im Codex. Beleiden, belegten, belagerten; somern, größtentheils; nochtent, dennoch; vlon se men, das men ist schwer zu lesen; Parz setzt dafür: ouer. Jof, im Codex steht hier: rok; weiter unten aber: jof; lateinisch: per minas; Feyerabendt hat: Loch. Vielleicht bezeichnet Jof, wenn es richtig geschrieben ist, eine Hölung, wie unter einem Brückenjoche, da es hernach heißt, daß die Saracenen unter dem Joke versteckt waren. Weneden, mähnten; im Codex steht öfter dafür: woneden, eine im Niederdeutschen gleichfalls übliche Form dieses Zeitwortes; doch, im Codex: dot; dar ut, das ut fehlt in der Handschrift, aber das Lateinische hat: et sic exirent; se den Sarracenen, der Codex hat blos: de Sarracenen, ohne se; aber lateinisch Saracenis; schuleden, versteckt waren; sunder underscheit, ohne Unterschied; der Codex hat hier: sunder scheit, aber weiter unten: sunder underscheit.

Van vlon, im Codex: van steden; lateinisch: evaserunt; in belegginge, in Belagerung; Codex: in velinghe in; lateinisch: in obsidione; in der stat, habe ich ergänzt nach dem lateinischen: intra civitatem. Plechsede, Pflegstätte, Gewohnheit; manstat, im Codex: manstad, bedeutet vielleicht: Manneslänge; im Lateinischen steht: stadium unius hominis; bei Feyerabendt: einer Mannshöhe lang; stat wäre Nebenform für das gewöhnliche stede, Stätte, Statt. Partz lieset: manstot, Mannstoß, so tief ein Mann auf einmal stoßen kann; welches auch einen passenden Sinn giebt. Wen also, denn also.

Cap. 16. S. 43. entspricht den lateinischen Capiteln 27. 28. Doch ist das erstere ganz übergangen. Carmel, im Codex: Carmelis; rum unde slicht, geräumig und eben; quinquagenarium, die Vulgata hat 2 reg. 1. vers. 9: misitque ad eum principem quinquagenarium. Syn bet, sein Gebet; ambegin, lateinisch: originem. Castrum Peregrini; wandages hete se Assur; im Codex steht blos: Castrum Peregrini Assur; aber im Lateinischen: castrum Peregrini vocatum, sed olim Assur dictam. Deyks bemerkt bei seinem lateinischen Texte S. 50. daß das Chateau des pelerins nicht einerlei mit Assur sey, sondern letzteres der von den Templern befestigte Ort Athlit ist. Unde kumpt in eine alte schone stat; im Codex: unde kumpt in also eine schone stat. Ruma, im Codex: Pruina; lateinisch: Ruma; es ist Ramla, vier Stunden von Joppe. Diospolis, ist Lydda; über Sanct Georgs Martyrthum daselbst siehe Raumers Palästina, Auflage 2. S. 215; den de dar kamen, das den steht nicht in der Handschrift.

Cap. 17. S. 44. Ist das lateinische Cap. 29. Brot, Gebrechen, Mangel; in glasene vaten, lateinisch: in utris. Nye Babylonia, ist Nova Babylonia, eine Festung gegen Memphis über, von ausgewanderten Babyloniern gebauet, Strabon lib. 17. cap. 1. Carra, ist Kahira; im Codex: Tarra. Overe des Nilus, die Worte: des Nilus, stehen nicht in der Handschrift; aber im Lateinischen: supra ripam Nili.

Cap. 18. S. 45. Ist das lateinische Cap. 30. Loben, Schößlinge; der Codex hat hier: laben, gleich hernach: loben. Lovere, Laub, Blätter; klever, Kle. Kalende, der erste Monatstag; veteken, Fäßchen. Denne mit, im Codex: den mit; gleich hernach aber: dar denne. Lat wesen, laß seyn, d. i. man kann zugeben, einräumen; sobene, gesottene, gekochte. Cresam, Chrisma, Salböl; vlecke, Stellen; im Codex: vlecke me roret mit roem vlesche balseme; versch, frisch; lichte, vielleicht, etwa. He en sy ein cristene man, wenn er nicht ist ein Christenmann; diese Worte fehlen im Codex; aber das Lateinische hat: nisi christiani; so wen andere lude ene buwen, dafür steht im Codex blos: nene andere; im Lateinischen: si alii homines vero ipsum custodirent et colerent. Dat is des schult, das kommt daher; vreschen, erforschen. Van Tzwartzeborch, dat is ein bercht by Erforde, im Codex: Tzwartzeborch ysbercht by Arforde; lateinisch: unus de Swartenbergh prope Erfordiam.

Cap. 19. S. 46. entspricht den lateinischen cap. 31. 32. 33. 34. Behaluen, außer; cristenen vangenen, im Codex fehlt: vangenen; lateinisch: christianorum captorum. Blidicheit, Fröhlichkeit; krude, Gewürze. Twe vullen grote, zwei sehr große; die beiden großen Pyramiden. Bibi, den Text dieser in den Handschriften sehr entstellten Verse habe ich nach Deycks Wiederherstellung S. 55. aufgenommen. Eine Römerin klagt, daß sie die Pyramiden gesehen ohne ihren geliebten Bruder Decimus Aunius, welcher den Kaiser Trajanus im Kriege begleitete, und frühe hohe Aemter bekleidete. Pyramidis ist als Nominativ gebraucht. In der Wolfenbütteler Handschrift steht folgendes, worin ich die Abkürzungen durch Punkte bezeichne:

Vidi piramides sn. te dulcedine frater,
Et t. q. potui lacrimas h. gesta profundi,
Et nostri memorem luctus hanc sculpo querelam,
Sic no. decimi anj. piramidis alta,
Pontificis comitisque finis troyane triumphis.
Lust. sex intra censor. consul esse.

Dude, möge deuten; im Codex: dudede, deutete; das lateinische: discreti lectoris iudicio committo; verstat, im Codex: vorstot. It vornam or nicht, ich verstand sie nicht. Sint van, im Codex: dat van; torn Babel, im Codex: torn Bael. Hinter: Babel was, steht im Codex noch: den suth men, den steht man, wovon das lateinische nichts hat; vielleicht ist es entstanden aus: sint men, sind nur, sechs und dreißig Tagereisen.

Cap. 20. S. 47. enthält das lateinische cap. 35. Mit olvenden unde mit mulen, mit Kamelen und mit Maulthieren. So achtert se sik, so ziehen sie sich zurück; von achter, hinten. So wen men, im Codex: So welk man. Marach, der Ort Mara, exod. 15. verf. 23. Helim, der Ort Elim, ebendaselbst verf. 27; im Codex: Velim. Soventich, siebenzig, ist die richtige Zahl; der Codex hat lxxij. Munster, ist das Katharinenkloster auf dem Sinai; im Codex steht: Kerke; lateinisch: monasterium. Mit blige, mit Blei; wol formeret, wohl versehen, vom französischen fournir? lateinisch: bene firmatum; vielleicht ist: wol firmeret, zu lesen; papen nude juristen, lateinisch:

clerici et conversi; **utfcholgen, autfchuhen; up einem hoge, auf einer Erhöhung**; lateinisch: in loco plus alto. **Men ein manf; das ein fehlt im Coder**; lateinisch: mixta et inordinate sunt posita et inclusa. **Toget, zeiget**; lateinisch: monstrant; im Coder steht hier: **thugede**; aber bald nachher: **thoghet**. **So wen men one, wann man ihnen. Synen leben, seinen Gliedern. Eraffet he dat bente, der Coder hat: eraffet he dat hovet**; lateinisch: os fortiter fricat; ut dem bente vlut, im Coder: ut der laden vlut; lateinisch: quod ex omnibus ossibus effluit. **Bullet kleine, im Coder: nimmt ein kleine**; lateinisch: parva implet. **Nenerhande hat, keinerlei Haß. Des Soldanes, im Coder: de Soldan; besocht, versucht; was vobede he**, die Wörter: was, und: he, fehlen im Coder. **Deren to der tyt nicht vele was**, lateinisch: quorum ante erant pauci.

Spreken dor, sagen wage. Helpase, dem Propheten Elias nach 1 reg. 19. v. 8. 9. **De ee, das Gesetz. Ingesegel, Insiegel. Henne vor gink, das gink fehlt im Coder**; lateinisch: pertransivit; **dal, Thal, im Coder dael; timmer, Zimmerholz. Men de stede, im Coder: wente de stede**, lateinisch: sed ibidem apparet locus. **Unde dat scholle gy weten, im Coder: wente dat scholle gy weten**; lateinisch: et eat sciendum; **regende, regnete**; im Coder: regen; lateinisch: pluit; **hode, hüthete; entfenget, entzündet; vorterede, verzehrte**; im Coder: vortorede; lateinisch: consumpsit. **Habin**, für **Abin**, nach Levit. 10. v. 1. 2.

Cap. 21. S. 51. ist im Lateinischen cap. 36. **Drutteln, im Coder steht die Zahl xxx**; aber das Lateinische hat tredecim; **vorbe, Furte, vielleicht: Wege?** im Lateinischen: et omnino haec terra habitabilis et desertum Arabia vocatur; **untal, unzählig**, lateinisch: innumerabiles. **Badewini, Beduinen**; im Coder: Baldewini; **woltlude, Waldleute**; lateinisch: silvestres. **Seget, säen; meget, mähen; vrislik, schauerlich**, lateinisch: feroces, **deer, Thiere; vullenvaret, sie vollführen, legen zurück; eime, zusammengezogen aus: einerne, einem; dat men des, wo man deffen, wo man davon; altes nicht, gänzlich nichts.**

Ramen, treffen, den Weg finden. De ok mol van verne landes syn; das lateinische hat: etiam a longo existentes, und bezieht dies auf die Beduinen, erwähnt aber die Anführer der Beduinen gar nicht. **Hebbet se under sik, im Coder: hebbet se sik unter sik. De soren rosen, die dürren Rosen**, lateinisch: rosae aridae; wir sagen noch von einem Baume: **he is pollfoor,**

er ist wipfeldürre. In arbeit gaan, kreißen, im Gebären seyn; bederlik, steht wohl für: bederwelik, tauglich; lateinisch: proficuae.

Cap. 22. S. 53. entspricht dem lateinischen cap. 37. Se steden, sie gestatten; musten in gaan, das: in gaan, steht nicht im Codex; so me des veldes mer, je mehr man von dem Felde; unde bebede an, cet. im Codex steht: unde bebeden al an einen, also screven steit in Genesi: Tres vidit et unum adoraverunt; aber diese Stelle ist wohl durch einen Schreibfehler entstellt. Die Vulgata hat nicht den Plural adoraverunt, sondern: et adoravit in terra. Ludolfs lateinischer Text bei Deycks S. 71. hat gleichfalls: et unum adoravit.

Bet wen, mehr als; ore voge, ihr fügliches, ihre Gebähr; welfte, Gewölbe; sedewer, Cedern; sparen, Sparren; glasen, Fenstern; er der tyt, vor der Zeit; vorveert, erschreckt; dorsten, wagten. Ne des underwinden, das: des, steht nicht im Codex.

To richte under, grabe unter; der Codex hat: to richte uppe; lateinisch: directe subtus; hunslüde, Bauersleute, rustici; ore vee edder ore quel, lateinisch: iumenta et pecora; anne to bindende, das: anne, steht nicht im Codex. Spenne, lateinisch: palmae; sede, Sitte; unmogelik, sehr viel; vor de gnade, im Codex: andere gnade; lateinisch: per dei gratiam. Twe dore, im Codex: twe capellen; lateinisch: duas januas; robien, Felsen, lateinisch: in rupe; Teutonista hat: steynclyppe, rudee; holländisch: rots, Felsen; italiänisch: rocca, roccia; auf Cypern: ϰόρζα, Roß Reisen nach Cypern S. 135. Endrop, enttrof, lateinisch: stillavit; spret, spreitet, lateinisch: erumpit; melkvare varwe, milchfarbene Farbe, lacteum colorem; robigen, röthlichem, medica rubedine.

Aver, abermal, wiederum; im Codex: over; lateinisch: item; einige Zeilen weiter oben: Aver to Betlehem, ist das lateinische item durch aver gegeben. Dar veler hilger lüde gebeente in geworpen sint, dies fehlt im Codex, und ist nach dem Lateinischen von mir hinzugefügt, um den Satz etwas zu vervollständigen; begaat, begehen; lateinisch: incipiunt; tyde, Zeiten, Stundengebete, fehlt im Codex; aber im Lateinischen steht: horas. Hochtyde, Feste. Betlehem Jude, das: Jude, fehlt im Codex; aber das Lateinische verweiset auf Bothlehem terra Juda in der Stelle Michä 5. verf. 2.

Cap. 23. S. 55. ist im Lateinischen cap. 38. Entusken, inzwischen, zwischen. Dit is, das: Dit, fehlt im Codex. Unde jegen dat osten licht de dal Josaphat, im Codex: jegen dat osten, unde de dal Josaphat licht jegen dat

fnden; vergleiche den lateinischen Text, welcher das richtige hat. Unde ere fi-
ſternen, im Coder: van einer ſiſternen; ſiehe das Lateiniſche. Punte, Sponde,
Friſch Deutſches Wörterbuch Bd. 2. S. 312.; im Coder ſteht: puncte; alto grot,
das: grot, fehlt in der Handſchrift; lateiniſch: nimis longa; in de ere der
ſtede — geſettet, im Coder: an der ſtede Calvarie, hyr af is ſe geſettet; la-
teiniſch: in honorem Calvariae loci per Aelium Hadrianum modicum trans-
lata; bekummert, beſehen, lateiniſch: occupant. In den tempel Salomo-
nis laten, Coder: in den tempel na leten; ſennewolt, rund. Der mane
wandelinge, lateiniſch: in eius pinnaclo Sarraceni eclepsin lunae suo more
posuerunt; enſtaan, für entſtaan, entſtanden, in dem Sinne: mangelnd, auf-
hörend; wie man ſagt: es entſteht mir nicht; es fehlt mir nicht, lateiniſch: an-
gelum a caede populi cessantem. Unde in deſſer rodien beſlot — over-
vart Babilonis, Coder: In deſſer rodien wente Jeremias de beſlot mit wun-
derkomme bode an overvart Babylonis; lateiniſch: in hac Jeremias propheta
creditur arcam foederis miraculose inclusisse in transmigratione Babyloniae.

Area Ornan, nach 2 Chron. 3. verſ. 1. Wedder upgebuwet, das:
wedder, ſteht nicht im Coder: lateiniſch: reaedificatum, wie der Zuſammenhang
erfordert; unde de ere, das: unde, ſteht nicht im Coder. Na erem lovede
ingeoffert, nach ihrer Verlobung eingeweiht? lateiniſch: et post desponsatio-
nem oblata. Verſt, Firſt, Dachſpitze, lateiniſch: pinnaculum; bekoret, ver-
ſuchet. Jegenwardicheit, hinter dieſem Worte fügt der Coder noch hinzu: in
der krankheyt unſer minſchheyt, welches hier im lateiniſchen Texte nicht ſteht, und
wohl nur durch Verſehen aus den nächſten Zeilen herübergenommen iſt. By
deſſem tempele, im Coder: In deſſem tempele; lateiniſch: Juxta hoc templum.
Probatica Piscina, der Schaafteich oder Betheſda, nach Johann. 5. v. 2.
Unde is ein luttik hoger, dieſe eingeklammerte Stelle ſteht nicht im Coder,
deſſen Text hier eine ſichtbare Lücke hat, wie das in ihm folgende: leſt ſe ſik
anderwerve, deutlich zeigt. Ich habe das eingeklammerte kurz nach dem hier
viel ausführlicheren Lateiniſchen S. 77. ergänzt, um den Zuſammenhang etwas
herzuſtellen.

Cap. 24. iſt auch noch im lateiniſchen cap. 38. enthalten, S. 78. Uppe
deme berge Calvarie, das: berge, fehlt im Coder; aber im Lateiniſchen ſteht:
supra montem Calvariae. Der Rubiani, dieſe eingeklammerte Stelle habe
ich nach dem Lateiniſchen S. 78. ergänzt, um den Zuſammenhang herzuſtellen;
de paſſien, die Paſſion, die Leidensgeſchichte; gerehus, gerwehus, Kleider-
kammer, Vorrathshaus, von gerwe, Gewand, Rüſtung; im Lateiniſchen ſteht

hier: armarium; **Coreboor, Chorthür, Thüre des Chores.** Dat spreket, im Codex: he sprak.

Sydeldore, Seitenthüre; **unvorbragen, unfortgetragen,** lateinisch: ne deportetur; im Codex: unvorbregen; **gate, Löcher; steine des grawes unses heren, das: unses heren,** steht nicht im Codex; aber lateinisch: sepulcri Christi; **over mennigem dage,** über manchen Tag d. i. schon längst; **olde geistilke,** im Codex: alle geistilke; lateinisch: Georgiani antiqui; so st ich, die Handschrift hat das Zahlzeichen ʃl, aber der lateinische Text: lx. **In der kerken is ok de stede,** lateinisch: item in hac ecclesia est locus, ubi mortuus super crucem Christi positus fuit resuscitatus.

Van einer primetyt, lateinisch: ab una diei hora prima usque ad eandem horam diei crastinae; **vorgewes,** umsonst, lateinisch: gratis; **makes nooch, Gemaches genug,** Unterkommen genug. Ein canonicus, unde hete Nicolaus, habe ich nach dem Lateinischen hinzugefügt. **Dar licht de steen, dar unse here, die** drei letzteren Worte fehlen in der Handschrift; aber das Lateinische hat: lapis, super quem Jesus. **De van dem dorpe quam,** im Codex: de van dem dorpe was; lateinisch: de villa venientem. **Dochtere, Töchter,** im Codex: dochter; **scholet,** sollet, im Codex: scholt.

Cap. 25. ist auch noch im lateinischen cap. 38. enthalten, S. 62. Zacharia, dieser Ort wird als Haus des Zacharias in den Pilgerreisen öfter erwähnt, in Feyerabendts Reyßbuch fol. 143. 256. 316. Er lag von Jerusalem südwärts, nach Betlehem hin. **Motte,** ging entgegen, **von moten, möten,** entgegen gehen, englisch: to meet.

Snedige kerke, lateinisch: ecclesia devota. **Sostich treppen,** im Codex: verhundert treppen; aber im Lateinischen: lx gradus; bei Feyerabendt: vierzig Staffel. **Vorsaken,** verlängnen; davon stehen hier zwei Präterita: **vorsakede,** und: **vorsook.** Für **Natatoria,** Teich, steht im Codex: narratoria; **dat is nu,** das nu habe ich nach dem lateinischen nunc ergänzt. Für **velt,** Feld, steht im Codex: vlet.

Cap. 26. ist im Lateinischen cap. 39. Die Sage von den Schicksalen der dreißig Pfenninge oder Silberlinge, welche Judas für seinen Verrath empfing, steht nach Deyks Bemerkung in der Geschichte der heiligen drei Könige von Johannes von Hildesheim, welcher ao. 1358 Prior zu Kassel war; das Buch ist gedruckt: zu Mainz im Jare 1486; Deyks Pilgerfahrten S. 58. Ausführlicher steht jene Sage in einer alten Pommerschen Passionspredigt aus katholischer Zeit, die handschriftlich auf der Greifswalder Universitäts-Bibliothek sich befindet.

Thare, Abrahams Vater Tharach; im Codex steht: dar, aber im Lateinischen: Tharo. Ninus, im Codex: Judas; aber lateinisch: Ninus; munte, vor diesem Worte steht in der Handschrift noch: bebe, welches den Zusammenhang unterbricht; entvangen, habe ich nach dem lateinischen recepisset ergänzt. Unde vorde, und führte; das Subject ist Abraham; ebenso sind gleich darauf die Pfenninge das Subject für: gingen; mit sik, habe ich des deutlicheren Zusammenhanges wegen ergänzt. Ismaheliten, im Codex: Hysmahelyten; lateinisch: Ismaelitae. De sande se vort van Pharaonis wegen, welches dem Lateinischen entspricht; im Codex mit unnöthiger Erweiterung: de sande se vort Josephe; Josephe sande vort van Pharaonis wegen. De koninginne, im Codex: de koninge, die Könige, daher auch die folgenden Zeitwörter dort im Plurale stehen; indessen hat das Lateinische: regina Saba, und auch die Pommersche Passionspredigt: de koninginne van Saba, welches der Bibel gemäß ist; trecke, Feldzuge. Den nakomelingen, im Codex: synen nakomelingen, welches vielleicht beizubehalten ist. Dat koninkrike Godolie, im Codex steht dafür blos: Godollas; aber lateinisch: regnum Godollae; overgebrocht, translatum. Brebbe, breitete, ausbreitete; der niederrheinische Text S. 55. setzt: breytede. Vorsede, versagte, weigerte sich; lede, legte. Carbona, ist das hebräische Corban, Gabe, Opfer, nach Matth. 27. vers. 6. Ihesum, unsen heren, das erste Wort ist mir undeutlich im Codex. Unses heren warden, die beiden ersten Worte habe ich ergänzt nach dem lateinischen: sepulcrum Christi. Sulveren weren, den folgenden eingeklammerten Satz habe ich ergänzt nach dem lateinischen: quia antiquitas omne metallum argentum appellaverunt, und dem niederrheinischen: „want by der (tyt) alle metalle weren silveren; mer sonder twyvel se weren gulden."

De blotacker, im Codex: de blote acker; sennewolde holle, runde Löcher; lateinisch: foramina rotunda; niederrheinisch: ronde hoele; nicht men, nichts als; vielleicht zu lesen: nicht wen.

Cap. 27. ist im Lateinischen cap. 40. De luchtberch, der Leuchtenberg, lateinisch: mons luminum. Over up, wiederum auf; lateinisch: item super; im Codex: over up. Galilea, auf dem Oelberge stand ehemals ein Thurm, genannt viri Galilaei, weil dort die zwei Männer in weißen Kleidern gestanden, Apostelgeschichte cap. 1. vers. 10. 11. und der Bruder Felix Fabri sagt in seiner Pilgerfahrt Th. 1. S. 385: dicitur quod tempore Christi ibi fuerit villula.

dicta Galilaea; Raumers Palästina, zweite Ausgabe S. 304. und Depfs IIer Ludolf S. 86. Die Worte praecedam vos in Galilaeam bezieht Ludolf unrichtig auf diesen Ort.

Bethphage, im Codex: Bethphae; gut ridder, guter Reiter, lateinisch: bonus sessor, der gut zu Pferde sitzt; spitteler, der aussätzige, lateinisch: leprosus; der Aussatz hieß: dat spittal, das Hospital, im Niederdeutschen. Marien unde Marthen, im Codex: Marien Marten.

Cap. 28. ist im Lateinischem cap. 41. 42. Monsteth, im Lateinischen: Montoal; bei Feyerabendt: Monstatt. Quarentana, so genannt von dem vierzigtägigen Fasten; bekoort, versucht. Dode mer, im Codex: rode mer. Lottes wyf, der lateinische Text sagt von dieser Salzsäule, sie stehe: circa mare mortuum a dextris versus montes Israel in quodam monticulo. Es schildert ihren Standort auch der Amerikanische Capitain Lynch, welcher in seiner vor einigen Jahren ausgeführten Beschiffung des todten Meeres die Salzsäule genau untersuchte, und eine Abbildung derselben in seiner Reisebeschreibung mittheilt. Schon der Verfaßer der Genesis kannte sie dort. Sechor, die Stadt Zoar, Genes. 19. verf. 22. Seobach, ist eigentlich die arabische Benennung dieser alten Burg im Edomitischen Gebirge; König Balduin 1. von Jerusalem gründete sie ao. 1115. und nannte sie Mons regalis; die Gegend ward ehemals Arabia tertia genannt; Raumers Palästina S. 274. Mit dreen muren, das Wort: dreen, steht nicht im Codex; aber lateinisch: tribus muris cinctum.

Strede, Schritte; davon: Strytscho, Schrittschuh, wofür auch Schlittschuh gesagt wird. Jor, Dan, über diese Quellen des Jordan siehe Raumers Palästina S. 67. Unde hetet denne Jordan, im Codex: unde het Sardonis, lateinisch: et Jordanes vocatur. Sunte Johannis arm, im Codex: Sunte Johannes Ewanghelifte; das Wort: arm, fehlt; aber im Lateinischen: brachium sancti Joannis. To twelften, lateinisch: die epiphaniae domini. Land der lovede, Land des Gelöbnißes, Land der Verheißung, lateinisch: terra promissionis.

Cap. 29. ist im Lateinischen cap. 43. Unde in Judea, im Codex: unde is in Judea. Capharnaum, Betsaida, im Codex: Cavernaum, Barsarina. Deniant fehlt im Codex, steht aber in der Vulgata. Dow, Thau; drogenisse, Trägnis, Täuschung; im Codex steht dafür: drofenisse, Trübnis. Holofermo, im Codex: Olyferno; werf, warb, bestellte, besorgte; geworven wart, das: wart, ist von mir ergänzt; und bar, im Codex steht blos: bar; aber im

lateinischen: quo etiam. Of dat — wente; im Codex steht: Of dat de Sar-
raceenen desser kerken vele smaheit don, wente. Das: of dat, im Anfange des
Satzes, bezieht sich vielleicht auf einen eigentlich vorhergehenden, in unsrem Codex
aber ausgelassenen Satz, welchen der lateinische Text S. 94. hat, nämlich daß die
Sarracenen eine bei der Kirche befindliche Quelle verstopften; diesem Satze wird
dann hinzugefügt, daß sie auch die Kirche verunreinigen. Villet, sie schinden;
villen, fellen, das Fell abziehen, ist gebildet wie: köpfen, den Kopf abschlagen.
Desenberge, im Codex: Pserberge; aber im Lateinischen setzt Deyks S. 95.
nach der einen Berliner Handschrift: Dezenborgh. Denn der Desenberg ist eine
bekannte Anhöhe von schöner Lage im Paderborner Sprengel; Fürstenberg Mo-
numenta Paderborn. S. 165. Palborn, Paderborn. Blanjagarda, König
Fulko von Jerusalem erbaute ao. 1138. auf der Anhöhe Toll enasije das Schloß
Blanchegarda, lateinisch auch Alba Specula genannt; Robinsons Paläßtina Bd. 2.
S. 626. Hermon, im Codex: Wermen. Lustik, lieblich; im Codex: luttik;
aber lateinisch: multum pulchrum.

Cap. 30. Beginnt im lateinischen Texte S. 96. im cap. 43. Unde dat
mer heft, die Worte: dat mer, habe ich ergänzt, nach dem lateinischen: mare
Galilaeae seu Tiberiadis continet in gyro. Weren, ist von mir ergänzt.
By dessem mere, im Codex: by dessem berge; van Dan, von mir ergänzt
nach dem Lateinischen; to suden, im Codex: to osten; in syner lenge, im
Codex: in syner brede; lovesamen, glaubsamen, glaubwürdigen; lateinisch: fide
dignis. Bescreven hadden, der hierauf folgende eingeklammerte Satz steht
nicht im Codex; ich habe ihn nach dem Lateinischen deswegen ergänzt, weil das
hernach folgende: Nicht verne van der stat sich auf die Stadt Belinas be-
zieht; diese ist das alte Paneas; vergleiche Deyks S. 97. Dort tut, das: vort,
habe ich ergänzt; sunte Jurian, sanct Georg.

Zwischen der Erwähnung der Stadt Belinas und dem Schlußsatze, be-
treffend die Stadt Beirut und den heiligen Georg, hat der lateinische Text noch
cap. 41. 43. über Damascus und den Libanon; den Inhalt derselben läßt die Wol-
fenbütteler Handschrift des Niedersächsischen Textes weg.

Ob auch der niederrheinische Text zu Düsseldorf die Capitel über Damaskus
und den Libanon weglasse, weiß ich nicht. In Deyks Pilgerfahrten S. 34. ist
nur der Schlußsatz jenes Textes mitgetheilt, welcher mit dem Schlußsatze des
Wolfenbütteler Textes übereinstimmt. Er lautet also, auf die vorher erwähnte
Stadt Beirut Bezug nehmend:

By der stat dedede die heilge ridder sant Jurgen den draken, unde bekeerde die stat unde alle dat lant to dem cristen geloven. Van der stat Baruth mach men tho hunswart varen in wat lande dat he wil. Et sic est finis. Deo gratias.

Der von Tyds herausgegebene lateinische Text hat auch diesen Schlußsatz der Beschreibung des heiligen Landes, fügt aber dann noch einige Zeilen hinzu, in welchen Ludolf von sich selbst spricht. Es endet nämlich jener lateinische Text so, auf die Stadt Beirut Bezug nehmend:

Prope quam sanctus Georgius martyr gloriosus draconem interfecit, et ipsam civitatem et totam terram ad fidem Christi convertit. De Baruth homo, ad quascumque partes cismarinas voluerit, redire poterit, quod suae committo voluntati.

Haec sunt itinera terrae sanctae bona, sed non publica, in quibus omnia loca et oratoria praedicta commode perlustrantur in statu et dispositione, prout erant sub annis domini prout supra. Et scio quod ab aliquo vivente in aliquibus non possum reprobari, quia de his, quae vidi et veraciter audivi, testimonium perhibeo. Et haec ad deductionem et reverentiam reverendissimi in Christo patris ac domini, domini Baldewini, paderburnensis ecclesiae episcopi dignissimi, conscripsi, et nomine domini invocato incepi et complevi. Cui laus et gloria per infinita saecula. Amen.